KB069958

Writing a Publishable
Research Paper:
Content Analysis of Journal Articles

출판되는!
논문 작성하기
학 · 술 · 지 · 논 · 문 · 분 · 석

서영석 · 안하얀 · 김시연 · 김애란 · 왕윤정 · 이정선 · 곽열 · 김설화 · 김재훈
박성화 · 이상학 · 이정윤 · 이채리 · 최민영 · 최유리 · 최정윤 공저

학지사

머리말

늘 힘들었던 것 같다. 그 시작은 어디서부터 무슨 내용으로 학위논문을 써 내려가야 할지 압도되었을 때부터였다. 시간이 흐르고 그 사이 여러 논문을 썼는데, 이 일을 업이라고 생각하는 지금도 논문을 쓰는 일은 여전히 힘들고 때로는 고통스럽다. 잘 쓴 글은 읽으면 그런 줄 아는데, 어떻게 잘 쓸 수 있는지 자세히 가르쳐 주는 사람이 없었고 모두 다 내 책임이었다. 그래서 잘 쓴 글을 읽고 흉내 내기 시작했다. 거의 쉬지 않고 매주 출판된 논문을 읽고 배우고 비판하고 어떻게 써 내려갔는지 살펴서 마음에 기준을 삼았다. 그 시간이 벌써 14년이다. 내 목소리를 내는 용기가 생겼고, 더 잘 읽히는 논문을 작성하는 법을 배우고 체화했지만, 이 일은 여전히 자신이 없다. 글의 의미가 불분명하다는 심사위원들의 피드백에 놀라고 때로는 실망하기도 한다.

　이 책은 그런 노력의 일환으로 시작되었고, 나름 오랜 시간의 숙고와 수고로 세상에 나올 수 있었다. 해외 저명 학술지에 실린 논문뿐 아니라 국내에서 출판된 논문 또한 분석과 배움의 대상이 되었다. 이미 출판된 논문들은 해당 분야 전문가로부터 심사를 거친 것이기 때문에 잘 쓴 글임에 틀림이 없고, 우리나라에도 좋은 글이 있고 점점 더 좋은 글이 출판되고 있다. 이 책을 쓴 저자들은 다양한 주제와 연구 방법을 사용한 논문들을 선별하려고 노력했고, 2000년대 이후에 출판된 국내외 학술지 논문 80여 편의 내용과 구조를 분석하였다. 이 과정에서 서론 및 이론적 배경, 방법, 결과, 논의를 어떤 순서와 내용으로 구성하고 있는지 살피고 합의하였고, 모든 논문에서 공통되는 내용뿐 아니라 소수의 논문에서 기술된 내용까지도 담으려고 노력하였다. 각 장에서는 해당 내용을 분석한 결과를 기술하였고, 그 결과를 구체적으로 보여 주는 발췌문을 2~3개씩 제시하였으며, 소주제가 끝날 때마다 내용을 요약해서 제시하였다. 마지막으로, 출판된 3개의 논문이 실제로 어떤 순서와 내용으로 각 장을 구성했는지 간략히 분석한 내용을 각 장 말미에 제시하였다. 그리고 이 책 마지막 부분에는 각 장에 포함시켜야 할 주요 내용을 체크리스트 형식으로 제시하여 독자들이 참고할 수 있게 하였다.

이 책을 제작하기까지 많은 이들의 수고가 있었다. 시작과 마지막은 대표 저자인 내가 이끌고 마무리했지만, 관련 논문들을 찾고 읽으면서 분석한 내용을 합의하는 데 많은 시간과 노력을 아끼지 않은 연세대학교 상담교육전공생들의 공이 크다. 매주 학술지 논문을 읽고 내용을 분석하고 논의했던 수많은 시간의 수고와 시행착오가 없었다면 불가능했던 일이다. 누군가에게 보이기 위해 쓴 책은 아니지만, 논문 작성에 고심하고 있는 분들께 작은 도움이 되었으면 한다. 사실, 더 나은 글을 쓰고 싶은 저자 본인이 두고두고 들여다보고 반성하고 참고할 자료이다. 이 책의 출판을 허락한 학지사 김진환 사장님에게도 감사의 마음을 전한다.

 늘 입버릇처럼 하는 말이 있다. 아는 것과 행하는 것이 서로 다른 것처럼, 남의 글을 읽고 비판하는 것, 실제 연구를 실행하는 것, 내 논문을 작성하는 것은 매우 다른 일이다. 잘 쓴 남의 글을 내가 비판할 수 있다는 것은, 어찌 보면 내가 비판할 수 있을 만큼 연구가 설득력 있게 실행되었고 논문 또한 명료하게 작성되었다는 것을 의미한다. 문제는, 나 또한 그런 연구를 할 수 있는가, 비슷하게라도 그런 글을 작성할 수 있는가이다. 이 세 가지 일을 연결시킬 수 있는 것은 부단한 연습과 실행뿐이다. 잘 쓴 글을 많이 읽어야 하고, 연구도 꼼꼼히 수행해 봐야 하고, 논문도 수없이 고민하며 실제로 써 봐야 한다. 연습과 실행 없이 잘 쓴 글을 기대하는 것은 범인의 몫은 아니다. 이 책이 그 수고를 조금이나마 덜어 주었으면 한다.

2018년 3월
평안의 계절을 꿈꾸며
대표 저자 서영석

CHAPTER
전체 요약
- 출판된 논문의 전체 구조 및 내용 한눈에 보기 _ 245

CHAPTER

서론 및
이론적 배경
- 연구자의
문제의식
드러내기

1. 서론 및 이론적 배경 한눈에 보기

도입: 독자의 관심 끌기	• 연구 주제 관련 화두 및 자료 제시하기 • 연구 동향 및 결과 제시하기 • 연구의 배경이 되는 이론 및 변인 간 관계 기술하기 • 선행 연구의 한계를 지적하면서 새로운 연구의 필요 성 언급하기 • 연구의 목적 및 내용 기술하기
비판적 고찰	• 연구의 배경이 되는 이론 및 개념 설명하기 • 연구변인의 정의 및 다른 변인들과의 관계 설명하기 • 선행 연구 소개 및 비판적 고찰하기 • 후속 연구의 필요성 기술하기
본 연구 안내하기	• 연구 목적 기술하기 • 연구에 대한 종합적 요약 및 연구 설계 기술하기 • 연구변인의 조작적 정의 기술하기 • 연구의 의의 기술하기 • 연구 문제/연구 가설 제시하기

[그림 1-1] 서론 및 이론적 배경의 전체 구조 및 내용

　　논문을 출판한 경험이 있는 연구자들에게 '논문에서 가장 작성하기 어려운 부분이 어디인가요?'라고 물어보면 서론 및 이론적 배경이라는 답이 나올 것으로 추측된다. 이것은 저자의 개인적인 경험에 근거한 것이지만, 많은 연구자가 공감할 것으로 믿는다. 그만큼 논문의 앞부분을 기술하는 것은 쉽지 않은 작업이다.

　　미리 결론부터 말하면, 연구자는 '서론 및 이론적 배경'에서 자신이 수행한 연구가 ① **중요하고(의미가 있고)**, ② **독특하다**는 점을 강조해야 한다. 달리 말하면, 자신의 연구가 관련 이론이나 실제, 그리고 대중들에게 기여할 수 있는 현상을 다루고 있고, 선행 연구와 구분되는 독특한 점이 있음을 명시적으로 밝혀야 한다.

　　본인이 수행한 연구가 중요하고 독특해서 해당 분야에 기여하는 바가 있음을 피력하는 일은 생각만큼 쉽지가 않다. 연구의 목적과 내용은 사실(fact)과 관련된 것이기 때문에 이것을 기술하는 것은 상대적으로 쉬운 일이다. 하지만 그러한 목적과 내용이 왜 그리고 어떻게 중요하고 필요한지에 대해 설득하는 일은 예상보다 더 많은 지적 수고를 요구한다. **중요한 것은, 근거(rationale)를 제시하면서 본인의 연구가 중요하다는 것을 설명해야 한다.** 많이 사용하는 근거로는 관련 이론과 선행 연구 결과, 그리고 사회적 현상을 들 수 있다. 간혹 연구자 개인의 경험과 관심을 바탕으로 연구의 목적과 필요성을 기술하는 경우가 있는데, 이는 학술적인 논문에서는 적절하지 않다. 비록 그것이 연구를 시작하게 하고 지속시킨 계기가 될 수는 있지만, 논문을 작성하는 방법으로는 적절하지 않다.

연구와 직접적으로 관련이 있는 이론과 선행 연구, 사회적 현상을 근거로 들면서 연구자가 수행한 **연구가 의미 있고 중요하다는 것을 기술해야 한다.** 즉, 연구자는 서론 및 이론적 배경을 서술하면서 집요하리만큼 본인의 연구가 왜 중요하고 필요한지에 대해 근거를 제시하면서 독자를 설득해야 한다. 이런 과정이 충분한 근거를 토대로 전개되지 않는다면, 아무리 고급스러운 통계분석을 사용하고 수집하기 어려운 표본을 모집했다고 하더라도 논문이 게재될 가능성은 희박하다. 특히 상담을 포함한 사회과학 연구에서는 의의와 이를 뒷받침할 수 있는 근거를 제시하는 것이 중요하다.

또한 연구자는 자신이 수행한 연구가 특정 이론을 배경으로 하고 있으면서 관련 선행 연구들과 맞닿아 있음을 명시적으로 밝힐 뿐 아니라, **어떤 측면에서 선행 연구들과 다르고 독특한지, 그래서 기존의 지식기반을 확장하는 데 어떤 방식으로 기여할 수 있는지를 구체적으로 기술해야 한다.** 이를 위해서는 **관련 선행 연구들을 비판적으로 검토(critical review)하는 것이 중요하다.** 단순히 연구의 배경이 되는 이론을 기술하거나 선행 연구들을 요약해서 제시한다면, 본인의 연구가 어떤 측면에서 의미가 있고 독특한지를 피력하기 어렵다. 따라서 선행 연구들을 비판적 시각으로 기술하면서 어떤 측면에서 본인의 연구가 선행 연구들의 한계 및 제한점을 극복할 수 있는지를 설명할 필요가 있다. 기억할 것은, 연구의 토대가 되는 이론(들)을 기술하고, 선행 연구들을 비판적으로 고찰해서 본인의 연구가 어떻게 독특하고 어떤 측면에서 기여하는

CHAPTER 1 서론 및 이론적 배경 – 연구자의 문제의식 드러내기

지를 서술해야 한다는 것이다.

자신의 연구가 왜 중요하고 어떤 측면에서 독특한지를 기술하는 방식은 연구자마다 다르다. 저자들이 검토한 논문 중에서도 동일한 순서와 내용으로 '서론 및 이론적 배경'을 구성한 논문은 존재하지 않았다. 그러나 공통적으로 연구자들은 '서론 및 이론적 배경'을 기술하면서 ① 연구 주제에 대해 독자의 관심을 끌고, ② 연구와 관련된 이론을 소개하고 선행 연구들을 비판적으로 고찰하면서, ③ 연구의 목적과 연구 가설 또는 연구 문제를 기술하고 있었다. 다음에서는 각 영역이 어떤 내용과 순서로 기술되어 있는지 구체적인 사례와 함께 설명하려고 한다.

구체적인 내용을 기술하기에 앞서, 각 영역에 모든 세부 내용이 포함될 필요가 없음을 언급하고자 한다. 저자들이 검토한 80여 편에 달하는 국내외 논문들을 모두 포괄했을 때 그러한 세부 내용들이 도출된 것일 뿐, 개별 논문에서 세부 내용들을 모두 포함하고 있다거나 그래야 한다는 것을 의미하지 않는다. 기억해야 할 것은, 학술지에 출판된 논문의 서론 및 이론적 배경은 크게 세 영역으로 구분할 수 있고, 연구자의 판단과 논리에 따라 각 영역에 하나 이상의 세부 영역을 포함시키면서 서론 및 이론적 배경을 기술하는 것이 도움이 된다는 것이다.

한편, 석사·박사 학위 논문을 작성할 때는 일반적으로 서론과 이론적 배경을 별도의 장(chapter)으로 구분해서 작성한다. 서론에서는 연구의 필요성과 목적, 연구 문제, 용어의 정의 등을 포함하고, 이론적 배경에는 연구의 배경이 되는 이론과 관련 선행 연

구들을 요약하고 비판한다. 연구의 필요성과 목적을 설명할 때 관련 이론과 선행 연구들을 언급해야 하기 때문에, 서론의 내용과 이론적 배경의 내용은 서로 중복되는 경우가 많다. 반면, 학술지에 출판된 논문에서는 서론 또는 이론적 배경이라는 제목을 달지 않은 채 내용을 통합해서 유기적으로 제시하는 경우가 많다. 이때는 제목을 달지 않았을 뿐이므로 두 영역에서 제시해야 할 내용은 모두 포함되어야 한다.

2. 서론 및 이론적 배경 자세히 들여다보기

앞서 기술한 것처럼, 연구자가 서론 및 이론적 배경에서 달성해야 하는 목표는 본인의 연구가 얼마나 중요하고 의미가 있으며 어떤 측면에서 독특한지, 그래서 본인의 연구가 관련 문헌에 어떤 방식으로 기여할 수 있는지를 강조하는 것이다. 국내외 논문들을 검토한 결과, 연구자들은 서론 및 이론적 배경을 기술하면서, ① 연구에 대해 독자의 관심을 끌고, ② 연구의 기반이 되는 이론(들)을 소개하면서 관련 선행 연구들을 비판적으로 고찰한 다음, ③ 본 연구의 목적과 연구 가설 또는 연구 문제를 제시하고 있었다. 다음에서는 각 영역에 포함된 세부 내용을 구체적인 사례와 함께 제시하려고 한다.

1) 도입: 독자의 관심 끌기

우리가 검토한 80여 편의 논문에서는 독자의 관심을 끌기 위해 매우 다양한 방식으로 서론을 시작하고 있었다. 이 책의 독자들은 연구의 목적 및 본인의 논리에 따라 다음에 제시된 방법을 취사선택해서 사용하면 도움이 될 것이다.

(1) 연구 주제 관련 화두 및 자료 제시하기

많은 논문은 서론을 시작하면서 연구 주제와 관련된 **화두**를 제시하거나 **사회 현상**을 기술함으로써 독자의 관심을 끌고 있었다. 또한 통계 수치 등 자료를 제시하는 경우도 많았다. 우선, 연구 주제와 관련된 화두나 사회 현상을 기술한 사례들을 살펴보자.*

> 남성은 여성에 비해 상담 및 심리치료를 덜 이용하는 경향이 강한데, 이것은 비단 미국뿐 아니라 한국에서도 동일하게 나타나는 현상이다(참고문헌**). 그러나 남성들이 상담 및 심리치료를 덜 이용한다고 해서 여성보다 심리적인 문제가 적음을 의미하는 것은 아니다.
>
> 출처: 박준호, 서영석(2009), p. 26.

---

* 학술지 원문에는 일반 활자체로 표시되어 있고 그것이 적절하나, 이 교재에서는 본문 내용에 해당되는 부분을 강조하기 위해 고딕체로 표시함. 이후에도 강조할 목적으로 고딕체로 표시함.
** 원문에는 괄호 안에 구체적인 참고문헌이 제시되어 있지만, 이 책에서는 지면상 참고문헌을 생략하였음. 이후에도 동일하게 표시함.

최근 존엄사 관련 사건들이 사회적으로 이슈화되면서, 스스로 죽음을 선택하는 문제가 주목을 받고 있다.

출처: 서영석, 이소연, 최영희(2010), p. 1076.

마른 몸을 이상화하는 사회적 분위기로 인해 우리나라 여성들은 자신의 신체와 외모에 만족하지 못하고 있을 뿐 아니라 다양한 신체적 · 심리적 어려움을 경험하고 있다.

출처: 김시연, 백근영, 서영석(2010), p. 614.

다음의 사례들은 연구 주제와 관련된 통계 수치 등 자료를 제시하면서 독자의 관심을 유도하고 있다.

통계청 발표(2013)에 의하면, 2012년 기준 우리나라의 연간 자살자 수는 총 14,160명에 달한다.

출처: 박승일, 이동귀(2014), p. 546.

특히 20년 이상 동거한 부부의 이혼 구성비가 전체 이혼 중 19.2%를 차지하였는데, 이는 1996년의 8.9%보다 2배 이상 증가한 것이다. 이는 이혼이 결혼 초기에 한정되지 않고 가족생활 주기 전 단계에서 발생하고 있음을 의미한다.

출처: 김시연, 서영석(2010), p. 190.

> 최근 들어 국내에 거주하는 외국인 유학생들의 수가 지속적
> 으로 증가하고 있다. …… 이 중 중국인 유학생은 전체 유학생의
> 75.3%를 차지하고 있는데(참고문헌), 2001년 3,221명에서 2008
> 년 36,323명으로 7년간 10배 이상 증가한 것으로 나타났다.
>
> 　　　　　　　　　　출처: 김민선, 석분옥, 박금란, 서영석(2010), p. 726.

(2) 연구 동향 및 결과 제시하기

몇몇 논문에서는 관련 **연구 동향**이나 그동안 나타난 **연구 결과**
를 제시하면서 서론을 시작했는데, 이 또한 연구 주제에 대한 독
자의 관심을 유도하는 방식으로 이해할 수 있다. 이에 관한 구체
적인 사례를 살펴보자.

> 하지만 1990년대 이후 발표된 종단연구 결과, ADHD 아동의
> 상당수는 청소년이 된 후에도 ADHD 증상을 지속적으로 보인
> 다는 점이 확인되었다(참고문헌).
>
> 　　　　　　　　　　　　출처: 김윤희, 서수균, 권석만(2011), p. 578.

> 많은 선행 연구들은 이성관계 만족에 영향을 미치는 개인 내 변
> 인에 초점을 맞춰 왔다. 그 결과 성격특성, 정신병리, 성장배경
> (참고문헌), 사회경제적 지위(참고문헌), 지각한 갈등(참고문
> 헌), 운명적 사랑에 대한 믿음(참고문헌), 비합리적 신념(참고
> 문헌) 등이 관계만족과 관련이 있는 것으로 나타났다.
>
> 　　　　　　　　　　　　　　　출처: 최바올 외(2013), p. 228.

(3) 연구의 배경이 되는 이론 또는 변인 간 관계 기술하기

이 방식을 사용한 논문들에서는 연구의 배경이 되는 **이론**이나 **변인**을 소개하고, **변인 간 관계**를 설명하면서 자연스럽게 연구 주제로 독자들의 관심을 유도하고 있었다. 우선 연구의 배경이 되는 이론을 서론 서두에 소개하고 있는 사례를 살펴보도록 하자.

> 애착이론은 성격 및 발달에 대한 관계 중심적 관점으로서(참고문헌), 유아기 때 주요 양육자와 맺은 정서적 유대의 본질이 자신과 타인 그리고 관계에 대한 인식에 영향을 미친다고 가정한다(참고문헌).
>
> 출처: 조화진, 서영석(2011), p. 472.

> 최근 상담 및 심리치료 영역에서 **체험적 접근**이 북미와 유럽을 중심으로 대두되면서(참고문헌), 체험적 치료(experiential therapy)의 중요성에 대한 인식이 높아지고 있다. Greenberg 등(1998)의 체험적 심리치료 이론에서는 심리 치료 장면에서 정서(emotion)와 과정(process)에 초점을 맞추면서 정서적 체험의 정보처리 과정을 강조한다.
>
> 출처: 이정민, 김창대(2013), p. 84.

다음의 사례들은 연구의 주요 변인을 소개하면서 이것이 다른 변인들과 관련이 있음을 소개하고 있다.

> 완벽주의는 자신의 행동에 대한 비판적 평가와 함께 수행에 대한 과도하게 높은 기준 설정과 완벽하고자 하는 노력을 특징으로 하는 성격 특성으로(참고문헌), 대학생의 적응에 부정적인 영향을 주는 것으로 알려져 있다(참고문헌).
>
> 출처: 김지윤, 이동귀(2013), p. 64.

> 뿐만 아니라 스마트폰 중독은 심리적 고통을 유발하고 대인관계에도 영향을 미치는 것으로 보고되었는데, 스마트폰에 중독된 사람은 우울하거나 불안하고(참고문헌), 대인관계에서 갈등을 다루는 것을 어려워하는 경향이 있다(참고문헌).
>
> 출처: 최윤영, 서영석(2015), p. 750.

> 대학생들의 진로미결정은 정체감 위기를 유발할 수 있는 위험 요인이며, 진로미결정 상태에서 경험할 수 있는 압박감, 불안, 혼란 등과 같은 스트레스와 긴장감은 대학생들로 하여금 다양한 부적응 문제를 초래하고 진로결정을 방해하는 요인으로 작용한다(참고문헌).
>
> 출처: 김이지, 정신영, 김지애, 김지윤, 이동귀(2011), p. 972.

(4) 선행 연구의 한계를 지적하면서 새로운 연구의 필요성 언급하기

서론을 여는 또 다른 방법은 관련 연구 분야의 한계를 지적하면서 새로운 연구, 즉 연구자들이 하려는 연구가 필요함을 강조하는 것이다. 구체적으로는, ① **선행 연구가 부족하다고 언급하거나,** ② **선행 연구가 있다 하더라도 특정 분야에 치중되어 있음을 지적**

하거나, ③ 연구 결과들이 서로 불일치함을 언급하면서 새로운 연구의 필요성을 피력하는 것이다. 우선, 관련 분야에서 선행 연구가 많지 않음을 지적하면서 본 연구의 필요성을 직간접적으로 강조한 논문들을 살펴보자. 우선 ①의 내용과 관련해서 특정 **주제**에 대한 선행 연구들이 부족하다고 언급한 사례들을 살펴보자.

> 예를 들어, 『상담 및 심리치료지』에 게재된 논문을 살펴보더라도 지금까지 결혼에 관한 연구는 단 3편(참고문헌)에 불과하다.
>
> 출처: 김시연, 서영석(2008), p. 1244.

> 한편, 무엇이 상담의 성과를 가져오고 어떤 과정을 통해 성과가 발생하는지를 확인하는 상담과정 및 성과연구(참고문헌)는 상담성과 연구에 비해 상대적으로 미흡한 실정이다.
>
> 출처: 서영석 외(2012), p. 754.

다음의 사례에서는 특정 **대상**에 대한 연구가 부족하다고 언급하고 있다.

> 이처럼 우리 사회에서 재혼 가정 및 재혼 가정 청소년의 숫자가 증가하고 있고 이들이 경험하는 스트레스와 적응상의 어려움이 클 것으로 예상되지만, 재혼가정 청소년들을 대상으로 경험적, 실증적 연구들을 수행한 경우는 많지 않다.
>
> 출처: 고은영, 서영석(2012), p. 398.

앞의 사례에서처럼 특정 대상에 대한 연구가 부족하다는 것을 선행 연구의 한계로 지적하기 위해서는, 논리적으로 **그 대상이 임상적으로나 이론적 또는 정책적으로 중요하다**는 점을 강조할 필요가 있다. 즉, '매우 중요한 대상임에도 불구하고 아직까지 연구가 많이 되지 않았다.'라고 설명해야 한다. 앞의 사례의 경우 연구자들은 직전 단락까지 우리나라에서 재혼가정이 증가하고 있고, 재혼가정 청소년들이 발달상의 심리정서적 불안과 함께 가족구도의 변화로 인해 다양한 행동상의 문제를 일으킨다고 설명하고 있다. 결국, 연구자들은 재혼가정 청소년들이 임상적으로 관심을 기울여야 할 중요한 대상임에도 불구하고 이들의 어려움과 적응에 대한 실증적인 연구들이 미흡하다는 점을 지적하고 있는 것이다.

다음의 사례 또한 특정 대상에 대한 연구가 부족하다고 지적하고 있다.

> (중략) 특히 초급간부를 대상으로 한 자살예방 노력들이 체계적이고 경험적인 연구가 부족한 상태로 추진되어 그 효용성을 담보할 수 없다는 제한점이 있다. 따라서 초급간부들의 자살사고율을 감소시키기 위해 그들의 자살생각에 영향을 미치는 다양한 변인들을 확인하는 연구가 필요하다.
>
> 출처: 박승일, 이동귀(2014), p. 547.

앞의 사례에서도 연구자들은 직전 단락까지 육군 자살 사고 중 초급간부가 범하는 비율이 매우 높고 이로 인한 경제적 손실 또한 매우 큼에도 불구하고 자살예방을 위한 노력이나 실증적인 연구들은 일반 병사들에게 집중되어 왔다고 지적하고 있다. 즉, 연구자들은 초급간부의 자살이 군에서 지니는 파급 효과와 손실이 매우 크다는 점을 강조하면서, 이들의 자살사고와 관련된 변인들을 탐색할 필요성을 강조하고 있다.

　선행 연구의 한계를 지적하는 또 다른 방법은, 기존에 수행된 연구들이 **특정 관점**이나 **현상** 또는 **변인**들에 관심을 기울이고 있음을 지적하는 것이다. 다음의 사례들을 살펴보자.

　완벽주의를 다차원으로 개념화했던 초기 시도는 여전히 병리적인 관점에 머물러 있고…….

　　　　출처: Herman, Trotter, Reinke, & Ialongo (2011), p. 321.

　이처럼 페이스북 사용의 부정적 영향이 주목받으면서 페이스북 중독과 관련된 연구들이 최근 들어 수행되고 있지만(참고문헌), 기존 연구들은 변인 간의 상관관계를 밝히거나 페이스북 중독에 영향을 미치는 개별 변인을 규명하는 데 치중하고 있어, 각 변인들이 어떤 메커니즘을 통해 중독에 영향을 미치는지를 규명하는 데는 한계가 있다.

　　　　출처: 고은영, 최윤영, 최민영, 박성화, 서영석(2014), p. 714.

> 그러나 선행 연구에서 우울과 무망은 자살사고 변량의 16~
> 43% 정도를 설명하는 것으로 나타나, 우울 및 무망 이외에도
> 자살사고를 설명할 수 있는 변인들이 더 존재함을 시사하였다
> (참고문헌). 비슷한 맥락에서, 우울이나 무망의 영향력을 너무
> 크게 부각한 나머지 성격이나 환경 등 다양한 변인들에 대한 탐색
> 이 부족하다는 비판 또한 제기된 바 있다(참고문헌).
>
> 출처: 고은영, 최바올, 이소연, 이은지, 서영석(2013), p. 64.

앞에 제시된 첫 번째 사례에서는 선행 연구들이 완벽주의를 주
로 병리적인 개념으로 접근하고 있음을 지적하고 있다. 두 번째
사례에서는 개별 변인의 영향력이나 두 변인 간 양방향적 관계에
초점을 둔 선행 연구들의 한계를 언급하면서, 중독을 설명하기 위
해 변인 간 메커니즘을 이해할 필요가 있음을 언급하고 있다. 마
지막으로, 세 번째 사례에서는 자살을 설명하기 위해 특정 변인
(우울, 무망)에만 관심을 기울이고 있는 선행 연구들을 비판하면
서, 새로운 변인 탐색의 가능성을 열어 두고 있다.

마지막으로, 관련 연구 분야의 한계를 지적하면서 새로운 연구
의 필요성을 피력하는 또 다른 방법은 선행 연구에서 도출된 **연구
결과들이 서로 불일치하거나 혼재되어 있음**을 언급하는 것이다.
다음의 사례들을 살펴보자.

관찰과 녹음(또는 녹화)의 불안 야기 효과에 대한 연구 결과
는 일관되지 않다(참고문헌).

출처: Ellis, Krengel, & Beck (2002), p. 101.

요약하자면 선행 연구 결과들을 미루어 볼 때, 자아정체감이
진로결정에 있어 중요한 변인으로 확인되었으나, 여대생 집단
에 있어서는 자아정체감의 영향력이 일관적이지 않은 것으로 나타
났다.

출처: 김은석, 유성경(2013), p. 899.

(5) 연구의 목적 및 내용 기술하기

다소 생소한 방식일 수 있지만, 논문에 따라서는 서론의 첫 단
락 또는 두 번째 단락 마지막 부분에 연구의 목적 또는 방향을 간
략히 기술하는 경우가 있다. 이러한 글 전개 방식은 주로 외국 논
문에서 많이 찾아볼 수 있는데, 우리나라에서도 이 방식을 따르는
논문들이 증가하고 있다. 이렇듯 서론의 앞부분에 연구 목적이나
방향을 기술한 것이 설득력이 있으려면, 이미 이전에 연구의 목적
이나 방향을 뒷받침할 수 있는 내용이 기술되어 있어야 할 것이
다. 다음의 사례들을 살펴보자.

본 연구에서는 정서조절과 용서를 촉진시킴에 있어서 정서중
심치료와 심리교육집단의 효과를 비교하였다.

출처: Greenberg, Warwar, & Malcolm (2008), p. 185.

이러한 맥락에서 본 연구에서는 여자 대학생들의 문화성향의 다양한 패턴들에 대하여 이해하고자 시도하였으며, 이 결과를 바탕으로 다양한 문화성향을 갖는 군집들이 여성의 역할에 대한 태도와 성취에 대한 동기와 어떻게 관련되는지 알아보고자 하였다.

출처: 우영지, 이기학(2011), pp. 406-407.

본 연구에서는 선행 연구들을 통해 초기 부모와의 관계경험으로부터 영향을 받고 대학생활 적응에 영향을 미치는 것으로 드러난 부적응적 완벽주의와 애착패턴의 관련성을 살펴보고자 하였다. 특히, 두 변인에 따라 어떤 자연발생적인 집단들이 형성되는지를 탐색적으로 살펴보고, 분류된 집단들이 다양한 심리적 특성에 있어서 차이가 존재하는지를 확인하고자 하였다.

출처: 김민선, 서영석(2010), p. 414.

도입: 독자의 관심 끌기 요약

저자들이 검토한 논문에서는 서론 및 이론적 배경을 시작하면서 다양한 내용으로 연구 주제에 대한 독자의 관심을 유도하고 있었다. 즉, 연구자들은 다음에 제시된 내용 중 하나 이상을 제시하면서 서론 및 이론적 배경을 시작하고 있었다.

- ■ **연구 주제 관련 화두 및 자료 제시하기** 연구 주제와 관련된 화두 또는 사회 현상을 언급하고, 통계 수치 등 자료를 제시함으로써 독자의 관심을 유도한다.
- ■ **연구 동향 및 결과 제시하기** 관련 연구 동향 및 도출된 결과 등을 설명하면서 서론을 시작한다.
- ■ **연구의 배경이 되는 이론 또는 변인 간 관계 기술하기** 연구의 배경이 되는 이론이나 변인들을 소개하거나, 주요 연구변인이 다른 변인과 관련이 있음을 설명한다.
- ■ **선행 연구의 한계를 지적하면서 새로운 연구의 필요성 언급하기** 관련 연구가 부족함을 언급하거나, 특정 분야에 치중되어 있음을 지적하거나, 연구 결과가 서로 불일치함을 언급하면서 새로운 연구의 필요성을 피력한다.
- ■ **연구의 목적 및 내용 기술하기** 서론의 첫 단락 또는 두 번째 단락에서 본 연구의 목적 또는 방향을 간략히 기술한다.

2) 비판적 고찰: 배경이 되는 이론을 설명하고 선행 연구 고찰하기

다양한 방식으로 서론의 첫 단락을 시작한 다음에는 연구의 배경이 되는 이론을 설명하고 선행 연구들을 비판적으로 고찰한다. 배경이 되는 이론을 소개하고 관련 선행 연구들을 요약하고 비판하는 주된 이유는, 본 연구가 의미 있고 중요하며 독특한 방식으로 관련 연구 분야에 기여할 수 있음을 피력하기 위해서이다. 중요한 것은 이 부분에서 단순히 배경 이론을 설명하고 선행 연구들을 요약해서 기술하는 것이 아니라, 연구자가 이론적인 배경과 문제의식을 가지고 연구를 진행했음을 피력하는 것이다. 서론 및 이론적 배경에서 가장 많은 분량을 차지하는 이 부분에 포함된 세부 내용을 구체적으로 살펴보자.

(1) 연구의 배경이 되는 이론 및 개념 설명하기

저자들이 검토한 대부분의 논문에서는 '서론 및 이론적 배경'의 도입부를 지나면서 연구의 배경이 되는 이론(들) 및 개념을 소개하고 있었다. 다음에 제시된 사례에서는 연구의 배경이 된 대상화이론, 애착이론, 사회인지진로이론을 주요 개념과 함께 소개하고 있다.

> 대상화이론(참고문헌)은 여성들의 다양한 심리적 어려움(우울, 섭식장애, 성기능장애 등)을 이해하기 위해 제안되었다. 이 이론에 따르면, 여성들은 대인관계에서 외모에 의해 평가받고 이용당하거나 여성을 성적 대상으로 묘사하는 대중매체에 노출되는 경험을 통해 타인의 관점을 자신의 것으로 내면화하게 되고, 스스로를 외모에 의해 평가받는 대상으로 인식하게 되는 자기대상화를 경험한다.
>
> 출처: 김시연, 서영석(2012), p. 930.

애착이론은 인간 욕구의 핵심과 성장의 기반을 관계라고 보고, 관계에 초점을 맞춰 인간을 이해하고자 한다. 초기 애착 이론가들에 따르면, 사람들은 어린 시절 주요 양육자와의 관계 경험을 통해 자신과 타인 및 세상에 대한 심리적 표상인 내적 작동모델을 형성한다. …… 이를 반영하듯, Brennan, Clark와 Shaver(1998)는 애착과 관련된 성인기 외부 세계 또는 타인 표상을 '성인애착'이라 지칭하면서, 성인애착과 관련된 기존의 이론 및 척도들을 종합적으로 분석하여 성인애착을 '애착불안'과 '애착회피' 두 차원으로 구분하였다.

출처: 안하얀, 서영석(2010), pp. 576-577.

여러 진로이론 중 사회인지진로이론(Social Cognitive Career Theory: SCCT)은 개인의 심리적 요소와 환경적 맥락이 어떻게 진로결정에 영향을 주고 어떠한 경로를 통해 영향을 미치는지를 설명하려고 시도하고 있다. 특히, 사회인지진로이론에서는 개인의 인지적 요소인 진로결정자기효능감이 진로결정을 포함한 진로태도성숙에 영향을 주는 주요변인으로 제시하고 있다(참고문헌).

출처: 김이지 외(2011), p, 974.

(2) 연구변인의 정의 및 다른 변인들과의 관계 설명하기

서론 및 이론적 배경의 중반부에서는 연구의 배경이 되는 이론을 소개할 뿐 아니라, 연구변인을 정의하고 다른 변인들과의 관계를 실증적 자료를 토대로 기술한다. 이때 '개념적 정의'는 추상적인 개념(construct)을 일반적이고 보편적으로 정의하는 것인 반면,

'조작적 정의'는 구성개념을 구체적이고 측정 가능한 형태로 변환하여 정의한 것을 의미한다(김계현, 2000). 따라서 연구(자)마다 특정 구성개념에 대한 조작적 정의는 다를 수 있다. 우선, 연구변인을 개념적으로 정의한 사례를 살펴보자.

> 한편, 대처(coping)란 문제상황 및 스트레스에 대해 인간이 적응하려고 노력하는 과정으로, 특히 개인의 자원을 약화시키거나 능력범위를 초과하는 개인 내적 · 외적 요구들을 다루려는 인지적 · 행동적 노력을 의미한다.
>
> 출처: 김이지 외(2011), p. 973.

> 관계중독이란 자신에게 해가 되는 관계라고 하더라도 상대방과 함께 있어야 한다는 강박감에 사로잡혀 사랑에 대한 감정이나 행동을 통제할 수 없게 되는 것으로(참고문헌), 사람이나 관계에 집착하는 상태가 되어 자신이 도저히 조절하거나 어떻게 해 볼 수 없는 상태에 이르는 것(참고문헌)이라고 정의된다.
>
> 출처: 이지원, 이기학(2014b), p. 66.

다음의 사례에서는 연구변인(자기자비)을 정의하고 있을 뿐 아니라 하위 요인(자기친절, 보편적 인간성, 마음챙김) 또한 기술하고 있다. 자기자비가 어떤 하위 요인으로 구성되어 있는지는 학자마다 다를 수 있기 때문에, 연구자가 특정 이론가나 학자의 요인 구성을 채택하고 그것을 토대로 자기자비를 측정했다면, 이것은 개

넘적 정의와 함께 조작적 정의를 내리는 것으로 이해할 수 있다.

> 자기자비는 스스로에게 자비를 베푸는 것으로, 자기친절, 보편적 인간성, 마음챙김 등으로 구성된 복합 개념이다(참고문헌). 구체적으로, 자기친절(self-kindness)은 자신의 부적절함을 판단하거나 스스로를 비난하는 대신 자신에게 친절한 태도를 유지하는 것을 의미한다. 보편적 인간성은…… 마지막으로, 마음챙김(mindfulness)은 고통스러운 감정이나 생각에 압도되지 않고 균형 잡힌 시각으로 그것을 알아차리는 것을 말한다.
>
> 출처: 이은지, 서영석(2014), p. 416.

연구변인을 정의한 다음에는, 변인의 영향 또는 변인과 관련이 있는 현상을 참고문헌과 함께 제시한다. 구체적인 사례를 살펴보자.

> 실증적인 연구에서도 부적응적 완벽주의는 학업뿐만 아니라 대인관계에 대한 기대와 실제 관계 형성에 영향을 미치고(참고문헌), 우울, 불안과 같은 심리적 디스트레스에 정적인 영향을 미치는 것으로 나타났다(참고문헌).
>
> 출처: 김민선, 서영석(2010), p. 414.

(3) 선행 연구 소개 및 비판적 고찰하기

연구와 밀접하게 관련이 있는 선행 연구들을 소개하고 비판적으로 고찰하는 것은 학술지 논문의 '서론 및 이론적 배경' 중반부에서 다루어야 할 핵심적인 내용이다. 이를 통해 본 연구가 해당 연구 분야와 맞닿아 있으면서도 선행 연구의 한계를 뛰어넘어 관련 문헌에 기여할 수 있음을 피력할 수 있다. 구체적으로, 연구자는 밀접하게 관련이 있는 최근(저자의 판단으로는 15년 이내)에 수행된 연구들을 소개하고, 필요할 경우 선행 연구 결과에 대한 연구자의 설명과 해석을 제시하고, 연구자 나름의 관점에서 선행 연구의 한계를 지적한다. 각각에 대해 구체적인 사례들을 살펴보자.

① 연구와 밀접한 관련이 있는 선행 연구 소개하기

저자들이 검토한 거의 모든 논문에서는 **연구 주제와 밀접하게 관련이 있는** 선행 연구들을 간략히 소개하고 있었다. 다음의 사례에서는 선행 연구를 소개하면서 연구 대상, 연구변인 또는 연구 방법 등을 기술하고 있다.

> 손은정(2007)은 215명의 여자 대학생들을 대상으로 공적 자기의식, 신체 감시 및 신체 수치심이 섭식장애 증상에 미치는 영향을 살펴보았다.
>
> 출처: 김시연 외(2010), p. 615.

> Karney와 Bradbury(1995)는 결혼 관련 115개의 종단연구들을 분석한 후, 결혼생활에 영향을 미치는 제반 변인들을 통합적으로 고려한 취약성–스트레스–적응(Vulnerability-Stress-

Adaptation: VSA) 모형을 제시하였다.

출처: 김시연, 서영석(2008), p. 1247.

앞에 제시한 첫 번째 사례는 대상화이론을 토대로 여대생들의 섭식장애 증상을 연구한 논문이고, 두 번째 사례는 부부들의 결혼 만족도를 연구한 논문이다.

② 선행 연구 결과를 집약적으로 기술하기

연구 주제 및 연구변인과 관련해서 많은 선행 연구가 존재할 경우 선행 연구를 하나하나 소개하고 연구 결과를 일일이 기술하면 글이 장황해져서 가독성이 떨어진다. 따라서 연구자는 선행 연구 결과를 효율적으로 기술하려고 노력할 필요가 있다. 저자들이 검토한 대부분의 논문에서는 다음과 같이 선행 연구에서의 다양한 결과들을 **변인별 또는 현상별로 묶어서 집약적으로 기술**하고 있었다.

실제로 진행된 경험적인 연구들을 살펴보면, 남성의 성역할 갈등은 자존감(참고문헌), 사회적 친밀감(참고문헌)과 부적 상관을, 불안(참고문헌), 우울(참고문헌), 스트레스(참고문헌), 사회적 친밀에 대한 두려움(참고문헌)과 정적 상관을 보이는 것으로 나타났다.

출처: 박준호, 서영석(2009), p. 26.

> 많은 연구자들은 화가 나거나 두려울 때 안정을 얻기 위한 일환으로 특정 대상이나 행위에 충동적으로 집착한다고 가정했는데(참고문헌), 실제로 **충동성**은 인터넷, 게임, 휴대폰, 쇼핑 중독의 주요 설명 변인으로 밝혀졌고(참고문헌), 특히 스마트폰 중독자의 심리적 특성인 것으로 나타났다(참고문헌). 최근의 연구들에서도 충동성은 스마트폰 중독에 영향을 미치는 것으로 나타났다(참고문헌).
>
> 출처: 최윤영, 서영석(2015), p. 752.

> 그러나 가족 이외의 다른 사람들과의 관계에서도 애착이 형성될 수 있고(참고문헌), 애착대상이 부모에서 친구나 연인으로 옮겨 가며(참고문헌), 대다수의 사람들이 한 가지 이상의 애착유형을 동시에 지니고 있는 것으로 나타났다(참고문헌). 더욱이, 아동기 이후에 경험하는 사건들(예: 부모의 이혼)로 인해 개인의 애착유형이 변하고(참고문헌), 짧게는 1주일에서 수개월 사이, 길게는 2~4년 후에 사람들의 애착유형이 변했다는 종단연구 결과도 보고되었다(참고문헌). 이러한 연구 결과들은 애착을 연구함에 있어서 애착의 측정 대상 및 시점을 과거에서 현재로 옮겨야 할 필요성을 시사한다.
>
> 출처: 안하얀, 서영석(2010), p. 576.

③ 선행 연구 결과에 대한 해석과 후속 연구의 방향 및 예상되는 결과 언급하기

계속해서 강조한 것처럼 '서론 및 이론적 배경'에서 연구자는 자신의 연구가 필요하고 의미가 있다는 것을 집요할 만큼 적극적으로 피력해야 한다. 이때 자신의 연구가 이론적인 근거를 갖추고 있고 주요 연구 흐름 내에 있음을 보여 주어야 할 뿐 아니라, 기존의 지식기반을 확장하는 데 어떻게 기여할 수 있는지 강조해야 한다. 다음에 제시된 사례들처럼, 연구자가 선행 연구 결과를 해석하면서 후속 연구의 방향을 시사하거나 예상되는 결과를 언급한 것 또한 이러한 노력의 일환으로 볼 수 있다. 다음의 사례들을 살펴보자.

어떤 연구자들은 행복은 한 개인의 안정적인 성격의 부분이고 연장하여 말하자면 의미 있는 변화가 잘 일어나지 않는 구성개념인 것으로 개념화한다(참고문헌). 아무런 의도적 개입을 가하지 않은 자연스러운 상태에서의 조사결과 및 해석은 이러한데, 그렇다면 행복증진을 위한 "의도적" 개입의 경우에는 어떠한가? 모든 행복증진을 위한 활동들이 각 개인의 성격적 특질에 따라 동일한 효과를 가져오지 않을 수도 있지 않을까?

출처: 윤성민, 신희천(2013), p. 277.

이는 부모 양육 등의 영향을 받는 개인차 변인이자 범문화적 특성인 사회부과적 완벽주의가 아시아인들 사이에서 상대적으로 더 높다는 것을 의미한다. 따라서 우리나라 대학생들 또한 사회문화적 완벽주의 특성이 강할 것으로 예상할 수 있으며, 선행연구를 통해 자살사고와 관련이 있는 것으로 확인된 사회부과적 완벽주의가 우리나라 대학생들의 자살사고에도 영향을 미칠 것으로 예상할 수 있다.

출처: 고은영 외(2013), p. 65.

앞에 제시된 두 사례에서 연구자들은 관련 선행 연구를 소개하거나 연구 결과의 의미를 해석하면서, 후속 연구의 방향을 간접적으로 시사하거나 예상되는 연구 결과를 언급하고 있다. 이와 유사한 방식으로 연구의 필요성 및 독특성을 피력한 사례들을 살펴보자.

　이렇듯 성역할 갈등과 전문적 도움추구의 관계에서 일관되지 않은 결과가 나타나는 것은 두 변인 사이에 조절변인이 존재함을 시사한다(참고문헌). 한 사람이 전문적인 도움을 추구하는 과정에 많은 조절변인들이 존재할 수 있음에도 불구하고, 지금까지 관련 연구들은 변인 간 매개효과 검증을 중심으로 진행되어 왔다. 같은 맥락에서, 자기 낙인은 도움추구 행동에 있어 가장 주요한 매개 역할을 하는 회피 요인 중 하나로 연구되어 왔는데(참고문헌), 그것을 증폭 또는 완화시키는 조절변인에 대한 연구는 거의 이루어지지 않았다.

출처: 안수정, 서영석(2017), p. 633.

앞의 사례에서 연구자는 선행 연구에서 일관되지 않은 결과가 나타난 것이 성역할 갈등과 전문적 도움추구 사이에 조절변인이 존재함을 시사하는 것으로 해석하고 있다. 더 나아가 연구자는 조절변인을 탐색한 연구가 미흡한 점을 언급하면서, 우회적으로 연구의 필요성을 부각시키고 있다. 다른 사례를 살펴보자.

이렇듯 상반된 연구 결과들이 혼재하는 이유 중 하나는 상담자 자기효능감을 측정하는 도구들이 연구마다 다르기 때문일 것으로 추측된다. 즉, 연구에 따라 상담자 자기효능감의 조작적 정의가 달랐기 때문에 연구 결과가 달랐을 것으로 추측해 볼 수 있다.

출처: 이수현, 서영석, 김동민(2007), p. 656.

앞의 사례에서 연구자는 불일치하는 선행 연구 결과들을 기술한 다음, 불일치하는 이유를 연구자의 시각으로 설명하고 있다. 나아가 연구자들은 상담자 발달 및 조력 기술과 관련된 이론을 토대로 외국에서 개발되고 타당화된 척도(Counselor Activity Self-Efficacy Scale: CASES)가 우리나라 상담자들을 대상으로 타당화될 필요가 있음을 지적하고 있다. 이어지는 글을 살펴보자.

비록 기존 척도들의 제한점들을 보완하기 위해 CASES가 개발되었지만, 미국 상담자들을 대상으로 타당화된 척도가 과연 문화적으로 이질적인 환경에서 훈련받고 활동 중인 우리나라 상담자들에게도 적용될 수 있을지는 의문이다. …… 상담을 한 사회의 문화적 가치를 반영하는 행위로 이해한다면, CASES를 구성하는 문항들 또한 그런 가치를 포함하고 있다고 가정할 수 있다. 따라서 특정 사회의 문화적 특성을 반영하는 문항들로 이루어진 CASES를 문화적 동질성을 가정할 수 없는 우리나라 상담자들을 대상으로 타당화하는 과정은 타당한 작업이라 할 수 있다.

출처: 이수현 외(2007), p. 657.

외국에서 개발되고 타당화된 검사도구가 과연 우리 문화에서도 타당하게 적용될 수 있는지에 관한 문제를 제기한 사례를 하나 더 살펴보자.

서구에서 ICQ(대인관계 유능성 척도)를 활용하여 다양한 연구들이 진행되었지만, 이 도구가 서구문화와는 매우 다른 한국 문화에서도 그대로 적용될 수 있는가에 대해서는 의문이다. …… 따라서 개인주의에 바탕을 둔 서구문화와는 달리 집합주의 의 특징을 띠는 한국문화에서 ICQ가 어떤 하위 차원으로 구성되 는가 하는 문제는 경험적인 연구를 통해서 확인해야 할 필요가 있다.

출처: 한나리, 이동귀(2010), p. 139.

다음의 사례에서는 예상되는 연구 결과를 언급하면서 그 분야의 연구가 필요함을 간접적으로 기술하고 있다.

이러한 사회비교이론 및 선행 연구들을 고려한다면, 여자청소 년들이 음악방송 노출 등의 성적대상화 경험을 통해 외모에 대한 사회문화적 가치를 내면화하게 되면, 대중매체가 제시하 는 외모와 자신의 외모를 습관적으로 비교 감시하게 되어 결 국 수행불안에 취약할 것이라고 예상해 볼 수 있다.

출처: 김시연, 서영석(2011), p. 1142.

④ 선행 연구에 대한 연구자의 비판적 시각 제시하기

이 부분은 '서론 및 이론적 배경'의 첫 단락에서 독자들의 관심을 끌기 위해 사용했던 방식, 즉 관련 연구 분야의 한계를 지적하면서 새로운 연구의 필요성을 언급한 부분과 유사하다. 서론의 서두에서는 ① 관련 분야의 연구가 부족하고, ② 선행 연구들이 특정 분야에 치중되어 있거나, ③ 선행 연구 결과들이 서로 불일치함을 언급하면서 새로운 연구의 필요성을 피력하였다. 반면, 서론의 중반부에서는 ① **연구 설계의 한계**, ② **연구 범위의 한계**, ③ **자료분석의 한계**, ④ **측정의 문제**, ⑤ **연구의 부재** 등 좀 더 구체적으로 선행 연구의 한계점을 지적하고 있었다. 이렇듯 서론의 중반부에 관련 문헌에 대한 연구자의 비판적 시각을 제시하는 이유는, 다른 방식과 내용 및 관점으로 후속 연구를 진행해서 기존의 문헌을 보완할 필요가 있음을 강조하기 위해서인데, 결국 본인의 연구가 그러한 시도의 일환임을 말하고 싶은 것이다. 저자들의 생각으로는 서론의 전반부든 중반부든 한곳에서만 기존 문헌의 한계점을 지적하거나, 두 군데에서 한계를 지적할 경우 전반부에서는 포괄적이면서도 압축적으로 선행 연구의 한계를 언급하고 중반부에서는 보다 구체적으로 연구자의 시각을 기술하는 것이 좋을 것 같다. 서론의 중반부에 제시하는 선행 연구의 한계점 중 **연구 설계**의 문제점을 지적한 사례부터 살펴보자.

> 선행 연구들은 횡단적 상관을 검증했는데, 시간순서나 인과관계의 증거는 미흡하다. 시간이나 인과적 통제가 없다면, 정반대로 우울과 불안이 부적응완벽주의를 초래한다고 결론 내릴 수 있다.
>
> 출처: Herman et al. (2011), p. 322.

앞의 사례에서는 기존 학자들의 주장이나 **연구 설계**, 그에 따른 결론에 문제가 있음을 지적하고 있다. 즉, 기존 문헌에서는 종단 설계를 사용하거나 변인들을 조작하는 실험 설계를 사용하지 않은 채 동일 시점에서 자료를 수집한 다음, 변인 간 관계를 통해 부적응적 완벽주의가 우울 및 불안에 영향을 미친다고 결론 내리고 있음을 지적하고 있다. 연구자들은 종단 설계 또는 실험 설계를 사용하지 않았기 때문에 정반대의 결론 또한 충분히 가능함을 지적하고 있다. 실제로, 연구자들은 종단 설계를 사용해서 초등학교 1학년 시기의 대인, 학업, 개인 내적 변인들을 토대로 초등학교 6학년 시기의 부적응적 완벽주의 유형을 분류할 수 있는지 확인하였다. 이번에는 무선할당을 통한 실험 설계의 필요성을 강조한 사례를 살펴보자.

> 언어반응의 효과를 정확히 이해하려면, 무선화를 포함한 실험 설계를 사용해서 가외변인을 통제해야 한다.
>
> 출처: Kim & Kim (2013), pp. 439-440.

다음으로, 몇몇 연구에서는 **특정 변인, 대상에 국한해서 연구들이 수행**되었음을 지적하고 있었다. 다음의 사례를 살펴보자.

> 반면, 대상화 이론을 바탕으로 여성들의 섭식행동을 설명한 국내 연구들은 성적 대상화 경험 및 내면화 과정을 고려하지 않은 채 기타 변인 간 관련성을 탐색한 제한점을 지니고 있다.
>
> 출처: 김시연 외(2010), p. 616.

실제로 앞의 연구에서는 선행 연구의 한계를 극복하기 위해 대인관계에서의 성적 대상화 경험과 내면화 과정을 주요 선행 변인으로 모형에 포함시켜 그 효과를 검증하였다. 다음의 사례에서도 특정 변인에만 초점을 둔 선행 연구의 한계를 지적하면서 현실을 반영하기 위해서는 변인들을 통합적으로 고려하는 모형을 설정하고 검증할 필요가 있음을 지적하고 있다.

> 예를 들어, 한 개의 잠재변인을 매개변인으로 설정하여 모형을 검증하면 비교적 모형이 간명하기 때문에 연구 결과를 이해하기 쉽고 또한 개입변인을 구체적으로 확인할 수 있다는 장점이 있다. 그러나 다양한 인지, 정서, 대처 관련 변인들이 복합적으로 상호작용해서 외현적인 문제에 통합적으로 영향을 미친다는 현실을 고려한다면, 단 하나의 매개변인을 모형에 포함시켜 그 효과를 확인하는 접근은 실제로 발생하는 복잡한 심리적 과정을 지나치게 단순화시킨 것이다.
>
> 출처: 안하얀, 서영석(2010), p. 577.

다음 사례에서는 기존 연구들이 특정 대상에 국한해서 진행되었음을 지적하고 있다.

Wei 등의 연구는…… 대부분의 참여자들이 백인들로 구성되었다는 것이 연구의 제한점이라고 할 수 있다. …… 관계에서의 조화를 강조하는 아시아 문화권에서는 정서를 표현하지 않고 억누르는 경향이 강하기 때문에, 아시아인들을 대상으로 했을 때 과연 Wei 등의 연구 결과가 재현될 수 있을지는 의문으로 남아 있다.

출처: 안하얀, 서영석(2010), p. 580.

첫째, 두 연구 모두 한 쌍의 상담자-내담자를 대상으로 사례연구를 수행했다는 점에서 연구 결과를 일반화하는 데 한계가 있다. 둘째, 두 연구 모두 남자상담자-여자내담자로 구성된 상담관계 맥락에서 즉시성의 효과를 살펴보았기 때문에, 다른 조합으로 구성된 상담자-내담자(예: 여자상담자-남자내담자)에서도 동일한 결과가 도출되는지를 확인할 필요가 있다.

출처: 서영석 외(2012), p. 757.

또한 몇몇 연구에서는 선행 연구에서 사용한 **자료분석 방법**에 문제가 있음을 지적하고 있었다. 우선 다음의 사례에서는 기존 연구에서 다른 변인들의 영향력을 통제하지 않은 채 상담기법(즉시성)과 상담성과 간 관계를 추론한 한계를 지적하고 있다.

> 선행 연구들에서는 즉시성 이외의 다른 상담과정 변인들의 영
> 향력을 통제하지 않았기 때문에, 상담성과에 대한 즉시성의 고
> 유효과를 추론할 수 없다는 한계가 있다. 예를 들어, 상담자는
> 상담 장면에서 다양한 상담기법(예: 해석, 감정의 반영, 질문)
> 을 사용하는데, 두 연구 모두 이러한 변인들의 영향을 고려하
> 지 않은 채 즉시성과 상담성과 변인들의 관련성을 간접적으로
> 추론하고 있을 뿐이다.
>
> 출처: 서영석 외(2012), p. 757.

다음의 사례에서는 짝 자료를 독립적인 자료로 취급한 기존 연
구들의 문제점을 지적하고 있는데, 연구자들은 이를 해결하기 위
해 자료분석 방법으로 APIM(Actor-Partner Interdependence Model)
을 사용하였다.

> 비록 부부 모두로부터 자료를 수집하였다 하더라도 상호의
> 존적인 짝 자료를 독립적인 자료로 가정하고 분석하여(참고문헌)
> 제1종 오류가 증가하는 문제를 지니고 있다(참고문헌).
>
> 출처: 김시연, 서영석(2010), p. 191.

연구에 따라 **측정의 문제**를 선행 연구의 한계로 언급한 논문들
이 있었다. 예를 들어, 지나치게 오래된 측정도구를 사용했거나,
독립적인 개념들을 묶어서 하나의 변인으로 사용했거나, 엄격하
게 타당화가 이루어지지 않은 척도를 사용한 문제점을 지적하고

있었다. 이에 해당되는 사례들을 살펴보자.

> 애착의 매개효과를 조사한 유일한 연구에서(참고문헌) 시대에 뒤진 도구를 사용해 애착불안과 애착회피를 측정하였고, 두 애착차원을 합해서 불안정척도를 구성하였다.
>
> 출처: Riggs, Cusimano, & Benson (2011), p. 128.

> (중략) 그렇지만 이 연구들은 모두 ICQ를 한국어로 단순 번안하여 사용하거나, 척도의 일부만 사용하였다는 제한점을 갖고 있다. 도구의 신뢰도와 타당도가 확보되지 않은 상태에서 연구를 계속하는 것은 신뢰롭지 못한 연구 결과의 양상을 초래할 위험성이 있으므로 한국판 ICQ에 대한 체계적이고 엄정한 타당화 작업이 필요하다.
>
> 출처: 한나리, 이동귀(2010), p. 140.

마지막으로, 특정 현상이나 변인 간 관계에 대한 이론 및 학자들의 주장이 있음에도 불구하고 실증적으로 검증한 **연구가 부재함**을 지적한 논문들이 있다. 다음 사례를 살펴보자.

> 우선, 재혼가정 청소년들이 경험하는 스트레스가 새로운 가족에서의 적응에 많은 영향을 미칠 것으로 예상되지만, 이들을 대상으로 스트레스와 가족생활적응 간 관련성을 직접적으로 살펴본 연구는 수행된 적이 없다.
>
> 출처: 고은영, 서영석(2012), p. 398.

> (중략) 피드백에 대한 반응이 심리적 디스트레스와 대인관
> 계문제에 영향을 미치는지에 대해서는 이론적 주장만 있을 뿐
> 이를 경험적으로 확인한 연구는 아직까지 존재하지 않는다. 더욱
> 이, 인지과정인 피드백에 대한 반응이 어떤 심리내적 과정을
> 통해 심리적 디스트레스나 대인관계문제에 영향을 미치는지
> 를 실증적으로 확인한 연구는 존재하지 않는다.
>
> 출처: 안하얀, 서영석(2010), p. 579.

(4) 후속 연구의 필요성 기술하기

선행 연구의 한계 또는 문제점을 지적하고 나면, 이를 보완하기
위한 후속 연구가 필요하다는 진술이 자연스럽게 따라온다. 대부
분의 논문에서는 두 가지 방식으로 이 점을 기술하고 있었다. 즉,
① 어떤 것을 연구할 필요가 있다고 기술하거나, ② 보다 직접적
으로 본 연구에서 무엇을 연구하겠다고 언급하고 있었다. 다음의
사례는 첫 번째 방식으로, 일반적으로 어떤 것에 초점을 두고 후
속 연구가 진행될 필요가 있는지를 언급하고 있다.

> 따라서 즉시성 관련 지식기반을 확장하기 위해서는, 즉시성
> 의 고유효과를 검증할 수 있는 방식으로 연구를 설계하고 자료를
> 분석할 필요가 있다.
>
> 출처: 서영석 외(2012), p. 757.

> 더욱이, 이들 연구에서는 정서적 대처만을 매개변인으로 설정하여 그 효과를 검증하였기 때문에, 다른 변인들을 매개변인으로 동시에 설정했을 경우 연구 결과가 재현되는지를 확인할 필요가 있다.
>
> 출처: 안하얀, 서영석(2010), p. 580.

다음의 사례는 두 번째 방식으로, 본 연구에서 무엇을 했는지를 직접적으로 언급하고 있다.

> 이에 본 연구에서는 부적응적 완벽주의와 애착을 조합했을 때 어떤 하위집단들이 존재하는지 군집분석을 통해 살펴보고, 분석을 통해 도출된 하위집단들이 다양한 심리적 특성에서 차이가 있는지를 확인하고자 하였다.
>
> 출처: 김민선, 서영석(2010), p. 416.

> 타인에 대한 남성성역할갈등의 영향에 대한 증거가 부족한 상황에서, 본 연구는 남편의 성역할갈등이 아내의 결혼적응과 우울에 미치는 영향을 조사하였다.
>
> 출처: Breiding (2004), p. 430.

앞에 제시된 사례들에서 선행 연구의 한계를 지적한 후 본 연구에서 어떻게 하겠다는 식으로 기술했다는 점에 주목할 필요가 있다. 즉, 본 저자들이 검토한 많은 외국 논문(우리나라는 그 수가 증

가하고 있음)에서는 서론 중간중간에 '본 연구에서 무엇을 하겠다.'
라고 기술한 경우가 많았는데, 서론 및 이론적 배경에서 다루어
야 할 내용이 많고 복잡한 변인들의 관계를 다룬 경우 이런 기술
방식을 활용하고 있었다. 이는 우리나라 독자들에게는 다소 생소
하게 느껴질 수도 있는데, 서론 중간중간에 연구에서 무엇을 하려
는지를 언급하면 독자들에게는 글의 가독성을 높이고 연구자 스
스로에게는 연구의 목적 및 내용을 재차 확인하는 일석이조의 효
과를 갖는다고 판단된다. 이렇듯 서론 및 이론적 배경 중간중간
에 연구의 방향이나 내용을 짧게 언급했다면, 서론 및 이론적 배
경 마지막 부분에 위치한 '본 연구(present study)'에서는 어떤 목적
을 달성하기 위해 구체적으로 무엇을 연구했는지를 일목요연하
게 기술한다. 이것과 관련해서는 '본 연구 안내하기'에서 상세히
기술하고자 한다.

비판적 고찰:
배경이 되는 이론을 설명하고 선행 연구 고찰하기 요약

이 부분은 '서론 및 이론적 배경'에서 가장 많은 분량을 차지하면서도 핵심적인 부분이다. 연구의 배경이 되는 이론과 주요 개념을 설명하고, 밀접하게 관련이 있는 선행 연구들을 요약하고 비판하면서, 후속 연구의 방향(또는 본 연구의 필요성)에 대해 서술한다. 결국, 연구자는 이 부분을 기술하면서 본 연구가 어떤 의미에서 중요하고 어떻게 관련 이론과 지식기반에 기여할 수 있는지를 보다 구체적으로 드러낼 필요가 있다.

■ **연구의 배경이 되는 이론 및 개념 설명하기** 연구의 배경이 되는 이론(들)을 소개하고 주요 개념을 설명한다.

■ **연구변인의 정의 및 다른 변인들과의 관계 설명하기** 연구변인을 개념적/조작적으로 정의하고, 연구변인이 어떤 현상(또는 변인)과 관련이 있는지 기술한다.

■ **선행 연구 소개 및 비판적 고찰하기** 본 연구와 밀접하게 관련이 있는 주요 선행 연구들을 집약적으로 제시하고, 후속 연구의 방향 및 예상되는 결과를 언급하며, 다양한 측면(연구 설계, 연구 범위, 자료분석, 측정)에서 선행 연구들의 한계를 지적한다.

■ **후속 연구의 필요성 기술하기** 마지막으로, 선행 연구의 한계를 극복하고 지식기반을 확장하기 위해서는 어떤 연구들이 필요한지, 또는 본 연구에서는 무엇을 했는지에 대해 간략히 기술한다.

3) 본 연구 안내하기

이 부분은 학술지 논문에서 '서론 및 이론적 배경'의 마지막에 위치한다. 이전까지 연구의 배경이 되는 이론을 소개하고 선행연구들을 비판적으로 고찰했다면, 이 부분에서는 본 연구를 통해 구체적으로 무엇을 하려는지 일목요연하게 기술한다. 구체적으로 연구의 목적과 시사점 및 의의를 간략히 설명하고, 연구의 주요 내용 및 연구 설계를 종합적으로 기술하며, 필요할 경우 연구변인을 조작적으로 정의하고, 연구 가설 또는 연구 문제를 제시한다. 다음에 제시된 세부 순서를 반드시 따를 필요도, 모든 내용을 기술할 필요도 없다. 중요한 것은 이 부분 이전까지 기술된 글의 내용과 흐름, 연구자의 글쓰기 스타일을 고려하며 연구의 목적과 초점을 강조하는 방식으로 다음에 제시된 내용을 취사선택하여 서론 및 이론적 배경의 마지막 부분을 기술하는 것이다. 분석한 내용을 차례대로 설명하면 다음과 같다.

(1) 연구 목적 기술하기

저자들이 검토한 대부분의 국내외 학술지 논문에서는 서론 및 이론적 배경의 마지막 단락에 연구의 목적을 포괄적으로 기술하고 있었다. 내용 측면에서는 서론 서두에 제시한 연구 목적과 크게 다르지 않다. 그러나 관련 이론을 소개하고 선행 연구들을 비판적으로 고찰한 다음 연구 목적을 재차 기술하는 것이기 때문에, 독자들에게는 연구의 목적이 더 설득력 있게 다가오게 된다. 이는 석사·박사 학위 논문에서 제1장 '서론'의 마지막 부분에 연구의 목적을 기술하는 것과 유사하다. 연구의 목적을 기술한 사례들을 살펴보자.

> 본 연구는 외국에서 개발되고 타당화된 CASES가 우리나라 상담자들에게 적용되었을 때 동일한 요인구조와 적절한 신뢰도 및 타당도를 보이는지를 확인하는 데 그 목적이 있다.
>
> 출처: 이수현 외(2007), p. 658.

> 요약하면, 본 연구의 주요 목적은 개념적으로 구분되는 두 가지 완벽주의(부적응적 완벽주의, 적응적 완벽주의)가 문화적응 스트레스와 우울 및 신체화의 관계를 강화 또는 완충시키는지를 검증하는 것이다.
>
> 출처: 김민선 외(2010), p. 729.

> 요약하면, 본 연구에서는 직장 여성의 일몰입에 영향을 미치는 변인들의 인과적 관련성을 통합적으로 이해하기 위해, 대상화이론과 선행 연구들을 토대로 대인관계에서의 성적대상화 경험이 외모에 대한 사회문화적 태도의 내면화와 신체감시를 매개로 일몰입에 영향을 미치는 구조모형을 설정하고 경험적 자료를 통해 모형의 적합도 및 매개효과를 검증하고자 하였다.
>
> 출처: 백근영, 서영석(2011), p. 558.

(2) 연구에 대한 종합적 요약 및 연구 설계 기술하기

몇몇 논문에서는 서론 말미에 연구의 목적을 설명하면서 **본 연구에서 구체적으로 무엇을 어떻게 했는지 종합적으로 설명**하고 있었다. 즉, 앞서 지적한 선행 연구에 대한 비판적 고찰 내용과 본 연구의 독특성 및 의의를 염두에 두면서 본 연구의 수행 내용과 방식을 압축적이면서도 명료하고 구체적으로 기술하고 있었다. 다음의 사례에서는 연구의 목적인 척도 타당화와 관련된 연구 절차를 구체적으로 기술하고 있다.

> 따라서 본 연구에서는 먼저 ICQ를 번역, 역번역한 후…… 한국어 번역판 ICQ(K-ICQ)를 한국 대학생 집단을 대상으로 설문을 실시하여 타당화하고자 하였다. 평행분석을 포함한 탐색적 요인분석을 통해…… 어떤 하위 요인으로 구성되는지를 밝히고, 다른 관련 변인과의 상관관계를 분석하여 수렴, 공존, 변별 타당도를 확인하였다. …… 마지막으로 2주 간격을 두고 K-ICQ를 두 번 측정하여 검사-재검사 신뢰도를 확인하였다.
>
> 출처: 한나리, 이동귀(2010), pp. 140-141.

다음의 사례에서는 연구변인 간 구조적 관계를 해당 이론 및 선행 연구를 토대로 설정했음을 체계적으로 기술하고 있다.

Young 등(2005)과 Collins와 Read(1994)의 논의를 바탕으로…… 본 연구에서는 성인애착의 두 차원이 인지 과정인 피드백에 대한 반응에 영향을 미치고, 피드백에 대한 반응은 다시 대처방식인 정서적 대처와 사회적지지 추구에 영향을 미치는 것으로 모형을 설정하였다. 둘째, 정서적 과민반응과 정서적 단절, 그리고 사회적 지지 추구는 모두 대처방식의 하위 차원으로 간주하여(참고문헌), 인과적 선후 관계없이 병렬로 배치하였다. 셋째, 애착이론과 선행 연구(참고문헌)를 토대로 애착불안에서 정서적 단절로 가는 직접 경로와 애착회피에서 정서적 과민반응으로 가는 직접 경로는 설정하지 않았다.

출처: 안하얀, 서영석(2010), p. 581.

(3) 연구변인의 조작적 정의 기술하기

논문에 따라서는 연구변인에 대한 '조작적 정의'를 서론 말미에 제시하는 경우가 있었다. 연구변인의 조작적 정의를 서론 말미에 제시하는 것 또한 연구에서 구체적으로 무엇을 하려는지 기술하려는 의도로 이해할 수 있다. 이러한 기술 방식은 석사·박사 학위 논문에서 제1장 '서론'의 마지막 부분에 '용어의 정의'를 두고 연구변인에 대한 조작적 정의를 기술하는 것과 유사하다. 다음에 제시한 사례에서는 작업동맹 형성과 중년여성을 조작적으로 정의하고 있다.

본 연구에서는 작업동맹 형성을 '심리치료 첫 8회기 동안 발생하는 과정'으로 정의하고……

출처: Kramer, de Roten, Beretta, Michel, & Despland (2008), p. 90.

본 연구에서는 중년여성을 "위의 중년기의 정의를 반영하고, 신체적 변화와 함께 심리적, 정서적, 사회 환경적 변화들을 경험하게 되는 사춘기 자녀를 둔 여성"으로 정의하였다.

출처: 윤성민, 신희천(2013), p. 281.

(4) 연구의 의의 기술하기

저자들이 검토했던 대부분의 논문에서는 서론 및 이론적 배경을 마무리하면서 연구의 의의 및 기여하는 바를 간략히 기술하고 있었다. 구체적으로 본 연구가 해당 연구 분야의 흐름 속에서 관련 이론 및 상담 실제에 어떤 의의를 지니는지에 관해 기술하고 있었다. 다음에 제시된 사례들을 살펴보자.

이를 통해 대상화이론이 우리나라 직장 여성들의 일 몰입을 설명할 수 있는 유용한 이론적 틀인지를 확인할 수 있고, 기업의 인적자원관리자 및 상담자들에게는 일 몰입을 경험하기 힘들어하는 직장여성들을 돕는 데 유용한 정보를 제공할 수 있을 것이다.

출처: 백근영, 서영석(2011), p. 558.

> 여성들이 진로 결정 과정에서 경험하는 어려움들을 인식하고, 이러한 어려움들을 극복하려는 노력들이 진로 결정에 어떠한 영향을 미치는지를 살펴보는 것은 여성의 진로 발달을 효과적으로 조력하는 진로 상담의 밑그림이 될 것이다.
>
> 출처: 김은석, 유성경(2013), p. 901.

> 본 연구를 통해 직무소진과 직무만족의 관계에서 업무환경 요소들의 중재효과를 검증하고 더 나아가 각 요소의 상대적인 효과 크기를 확인할 수 있다면, 기업상담의 조직적인 측면에서 상담자가 보다 더 중점적으로 개입해야 할 업무환경 요소가 무엇인지를 확인할 수 있을 것이다.
>
> 출처: 이정선, 서영석(2014), p. 1113.

(5) 연구 문제/연구 가설 제시하기

최근 양적 연구방법을 사용한 대부분의 논문에서는 서론 및 이론적 배경(중반부 또는 마지막)에 연구 가설을 제시하고 있다. 이는 서론 마지막 부분에 연구 문제를 제시하는 것과는 다른 기술 방식이어서 우리나라 독자들에게는 다소 낯설게 느껴질 수 있다. 흥미롭게도, 본 저자들이 검토한 외국의 상담 관련 논문 중에서는 연구 문제를 제시한 논문이 단 3편에 불과했다(Consoli & Llamas, 2013; Kim, Ng, & Ahn, 2005; Kramer, Roten, Beretta, Michel, & Despland, 2008). 예상과는 달리 연구 문제를 제시한 논문들의 수가 매우 적고 대신 연구 가설을 제시한 논문이 많은 이유에 대해서는 이후에 자세히 논하고자 한다. 우선 연구 문제를 제시한 논문부터 살펴보고, 그런 다음 연구 가설을 제시한 논문들을 살펴보자.

> 탐색적인 목적을 가진 본 연구에서…… 연구 문제는 다음과 같다…… 멕시코계 미국인의 문화가치는 탄력성과 어떤 관련이 있는가?
>
> 출처: Consoli & Llamas (2013), p. 618.

앞의 사례의 경우 저자들이 밝히고 있는 것처럼 연구는 탐색적인 목적을 지니고 있다. 서론 및 이론적 배경 전체에 걸쳐 두 변인(멕시코계 미국인들이 지향하는 가치, 탄력성)의 관계를 탐색한 실증적인 연구들이 제시되어 있지 않은데, 연구자들은 두 변인의 관계를 직접적으로 검증한 선행 연구가 부재한다고 본문에 기술하고 있다. 이러한 이유로 인해 연구자들은 구체적인 연구 가설을 설정할 수 없었을 것이고, 연구의 목적 또한 탐색적이라고 기술했을 것이다.

이 부분에서 강조하고 싶은 점은 본 저자들이 검토한 외국 논문 가운데 연구 문제만을 제시한 논문은 단 2편에 불과하다는 것이다. 즉, **연구 가설이 아니라 연구 문제를 제시하는 것은 지극히 예외적인 것임을 알 수 있다.** 연구 문제를 제시한 다른 사례를 살펴보자.

> 내담자와 상담자의 작업동맹패턴은 다른가? 내담자의 작업
> 동맹패턴과 상담자의 작업동맹패턴은 상담성과를 예측하는가?
> 출처: Kramer et al. (2008), p. 90.

Kramer 등(2008)의 논문에서도 서론 마지막에 연구 문제를 제시하고 있었다. Kramer 등의 연구는 Stiles 등(2004)의 연구를 재연(replication)한 것으로서, 상담자의 관점을 새로운 변인으로 채택하고 위계적 선형모형(Hierarchical Linear Modeling: HLM)을 사용해서 자료를 분석했다는 것을 제외하면, Kramer 등의 연구는 연구 설계 측면에서 Stiles 등의 연구와 매우 유사하다. 이런 이유로 인해 연구자는 기존의 연구 가설을 반복해서 제시하기보다는 간단히 연구 문제를 기술한 것으로 추측된다. 연구 가설뿐만 아니라 연구 문제를 제시한 사례를 살펴보자.

> 연구 문제와 관련해서는, 내담자의 아시아문화가치, 유럽문화
> 가치, 상담성과기대, 내담자-상담자 세계관의 상호작용효과
> 가 회기성과와 관련이 있는지 탐색하였다.
> 출처: Kim et al. (2005), p. 69.

Kim 등(2005)의 논문에서는 연구 가설을 제시하다가, 선행 연구나 배경이 되는 이론을 제시할 수 없을 경우 연구 문제를 제시하고 있었다. 연구자들은 '가능한지(possible)' '탐색하였다'라는 잠정

적인(tentative) 용어를 사용하고 있는데, 상호작용 효과(interaction effect)에 대한 구체적인 근거나 이론을 제시하기가 어려워서 연구 가설이 아니라 덜 구체적인 연구 문제를 제시한 것으로 이해된다.

연구 문제를 제시한 논문은 우리나라 학술지에서 흔히 찾아볼 수 있기 때문에 연구 문제만을 제시한 국내 사례들은 이곳에 제시하지 않고자 한다. 다만, Kim 등(2005)의 논문처럼 연구 가설을 제시하다가 탐색적인 연구 문제를 제시한 김이지 등(2011)의 논문을 한 예로 제시하고자 한다.

아울러 대학생의 성별에 따라 계획수립 효능감, 자기평가 효능감, 목표선택 효능감 등의 차이를 보였고(참고문헌), 남자 대학생은 미래의 직업을 탐색하고 결정하는 능력이 여자 대학생보다 높았으며(참고문헌), 학년 변인이 진로준비행동과 관련이 있다고 보고한 기존 연구들(참고문헌)에 근거하여 본 연구에서는 대학생의 성별(남, 여) 및 학년(고학년 대 저학년)에 따라 진로결정 수준에 차이가 있는지를 '탐색적으로' 확인하였다…….

탐색적 연구 문제 1. 본 연구의 가설모형은 성별 및 학년에 따라 차이가 있는가?

출처: 김이지 외(2011), p. 976.

지금까지 논의한 내용을 토대로 얻을 수 있는 한 가지 교훈은 다음과 같다. 출판되는 대부분의 논문에서는 서론 및 이론적 배경에 관련 선행 연구들을 비판적으로 고찰하고 배경이 되는 이론

을 기술한 다음, 이를 바탕으로 변인 간 관계를 구체적으로 기술하는 연구 가설을 제시하는 것이 '좋은' '바람직한' 방식으로 간주된다는 것이다. 최고 수준의 학술지에서는 이런 방식이 관행처럼 자리 잡은 것 같다.

연구 가설을 제시한 논문들을 살펴보기 전에, 연구 가설을 제시하는 방식과 관련해서 한 가지 언급할 사항이 있다. 본 저자들이 검토한 거의 모든 논문에서는 서론 및 이론적 배경의 마지막 부분에 연구 가설을 일괄적으로 제시하고 있었다. 그러나 간혹 몇몇 논문에서는 서론 중간중간에 연구 가설을 제시하고, 대신 마지막 부분에서는 다시 언급하지 않았다. 본 저자들의 판단으로는 후자의 경우 연구 주제가 복잡하고 기술해야 할 변인 간 관계가 많아서 해당 절을 마무리하면서 연구 가설을 제시하는 것이 효율적인 것으로 이해되었다. 결국, 연구 가설을 서론 중간중간에 분산해서 제시할지 또는 마지막에 일괄적으로 제시할지는 연구의 복잡성과 글의 가독성을 고려해서 연구자가 판단할 문제이다.

연구 가설은 구성개념 간 관계를 구체적으로 기술한 것이다. 따라서 그 위치가 서론의 중반부이든 아니면 마지막 부분이든, 연구 가설을 제시한다는 것은 그만큼 이를 뒷받침할 수 있는 선행 연구 결과 또는 배경이 되는 이론 및 학자들의 주장을 이미 기술했다는 것을 뜻한다. 달리 말하면, 근거가 되는 선행 연구와 이론을 기술하지 않은 채 연구 가설을 제시하는 것은 적절하지 않거나 '최선'의 방식이 아니라는 것이다. 따라서 연구자들은 가설을 설정할 때 근거를 제시해야 하는 부담을 느끼게 된다. 다음에 제시된 사례들의 경우 다른 변인들의 관계에 대해서는 가설을 제시했지만, 관련 이론이나 선행 연구들이 부족한 변인 간 관계에 대해서는 구체적인 가설을 설정하지 않았고, 더욱이 **가설을 설정하지 않았다고 밝히고 있었다.** 우선, 관련 연구들이 적기 때문에 구체적인 연구 가설을 설정하지 않았음을 명시적으로 기술한 논문부터 살펴보자.

이런 관계를 검증한 연구들이 매우 적기 때문에, 본 연구에서는 민족정체성의 어떤 측면이 차별 효과를 조절하고, 어떤 유형의 중재과정이 발생할지 구체적인 가설을 설정하지 않았다.

출처: Lee (2005), p. 38.

한편, 피드백에 대한 반응과 대처방식 간 관계를 탐색한 실증적인 연구가 부재하기 때문에, 본 연구에서는 관계의 방향이 정적인지 또는 부적인지에 대해서는 구체적인 가설을 설정하지 않았다.

출처: 안하얀, 서영석(2010), p. 581.

여기서 다음과 같은 의문이 생긴다. '연구 가설을 제시하기 위해서는 반드시 관련 선행 연구와 배경이 되는 이론이 존재해야 하는가? 가설 설정의 근거가 실증적인 선행 연구와 이론뿐인가? 이외의 다른 것을 토대로 가설을 설정할 수는 없는가?' 외국 학술지나 국내 학술지를 검토한 내용을 바탕으로 답을 하자면, '반드시 그런 것은 아니다.' 왜 그런지, 그리고 이 외의 다른 것을 토대로 가설을 설정한 구체적인 사례들을 살펴보기 전에 강조하고 싶은 것은, 관련 **이론 및 선행 연구를 토대로 연구 가설을 제시하는 것이 '최선'이라는 것이다.** 즉, 이것이 주요 흐름이어야지 다음에 제시하는 방식이 주를 이루어서는 안 된다는 것이다.

연구자가 관심을 갖고 있는 특정 변인들의 관계를 지지하는 이론이나 실증적인 연구를 찾기 힘든 경우가 있다. 검토한 몇몇 논문에서는 동일하지는 않지만 **유사 변인들을 탐색한 선행 연구를 토대로 연구변인 간 관계나 특정 현상을 논리적으로 추론**하고 있었다. 이에 관한 구체적인 사례를 살펴보자.

> 마지막으로, 성별에 따라 중재가 가능한지 탐색하였다. 아동기 정서학대가 이후의 심리적 변인과 결혼 관련 변인들에 영향을 미치는 정도를 성별이 조절한다는 연구들을 고려했을 때(참고문헌), 성별은 아동기 정서학대와 관계적응 또는 애착과의 관계를 조절할 가능성이 있다.
>
> 출처: Riggs et al. (2011), p. 129.

앞의 사례에서 연구자는 '연구 가설'이라는 용어를 사용하지 않고, 대신 '가능한지 탐색하였다'라고 진술하고 있다. 이를 통해 연구 가설을 설정할 만큼 선행 연구와 이론이 부족함을 짐작케 한다. 대신, 연구자는 **유사 변인 간 관계를 탐색한 선행 연구를 기반으로** 성별의 조절효과 가능성을 **논리적으로 추론**하고 있다. 즉,

연구의 주요 변인인 관계 적응(또는 애착)과 유사하다고 판단되는 심리적 변인과 결혼 관련 변인과의 관계에서 성별이 조절효과를 갖는다는 선행 연구를 언급하면서, 아동기 정서학대가 결혼한 부부의 관계적응 및 애착에 미치는 영향을 성별이 조절할 것으로 추론하고 있다. 비슷한 사례를 국내 논문에서도 찾아볼 수 있다.

> 다른 연령층을 대상으로 심리적 디스트레스의 조절효과가 검증되었지만, 현재까지 중년 남성을 대상으로 중년의 위기감의 조절효과를 확인한 연구는 찾아볼 수 없다. 따라서 중년의 위기감이 조절효과를 갖는지, 어떤 형태로 조절효과를 보이는지 예단하기 어렵다. 다만 관련 변인(예: 우울)의 조절효과를 통해 중년의 위기감의 조절효과를 추론해 볼 수 있다.
>
> 출처: 안수정, 서영석(2017), p. 634.

> 현재까지 일의 의미가 직무소진과 직무만족 간의 관계에서 중재변인의 역할을 담당하는지를 실증적으로 검증한 연구는 찾아볼 수 없다. 그러나 일의 의미와 밀접한 관련이 있는 소명(calling)(참고문헌)이 중재변인의 역할을 수행한다는 선행 연구를 근거로(참고문헌), 일의 의미 또한 중재변인의 역할을 할 것으로 추론해 볼 수 있다.
>
> 출처: 이정선, 서영석(2014), p. 1112.

다음의 사례에서는 연구 가설을 도출하기 위해 개념적 접근을 취하고 있다. 즉, 성인애착 이론의 기본 가정과 주요 개념을 기반으로, 그동안 실증적으로 탐색되지 않은 성인애착과 관계진솔성 간 일방향 관계를 추론하고 있다.

> 자신의 성인애착과 상대방의 진솔성 간 관계는 개념적으로 접근해 볼 수 있다……. 안전한 관계는 안정된 애착관계로 이해할 수 있는데, 초기애착이 주양육자가 유아를 돌보는 일방적인 관계 안에서 발달한다면, 성인애착은 서로 돌보는 상호의존적인 관계에서 발달한다(참고문헌). 따라서 나의 성인애착이 안정적이어서 상대방을 돌볼 수 있을 때 내가 상대방에게 안정감의 근원이 되며, 이때 상대방의 진솔성이 발달할 수 있다. …… 따라서 나의 안정애착은 상대방의 진솔성 발달에 영향을 미치며, 이것이 관계 맥락 안에서 관계진솔성의 형태로 나타난다고 추론할 수 있다.
>
> 출처: 최바올 외(2013), p. 231.

앞서 강조한 것처럼, 한 연구에서 모든 연구 가설을 이런 방식으로 제시하는 것은 '최선'이 아닐 뿐 아니라 위험하기까지 하다. 지금까지 살펴본 사례들에서도 한 개 이상의 연구 가설을 이론적 배경이나 선행 연구 결과를 기반으로 하지 않은 경우는 없었다. 이런 예측 또는 가설 설정은 지극히 제한적이어야 한다는 것이다.

이제 서론의 마지막 부분에 선행 연구와 배경이 되는 이론(들)을 언급하면서 연구 가설을 제시한 사례들을 살펴보자.

셋째, 적응적 완벽주의는 문화적응 스트레스와 우울 및 신체화의 관계를 완충시키는 역할을 할 것이다. 즉, 적응적 완벽주의가 강할수록 문화적응 스트레스가 우울 및 신체화에 미치는 영향은 감소할 것이다. 이는 적응적 완벽주의와 심리적 지표들간 상관을 보고한 선행 연구(참고문헌)와 Rice와 Lapsely(2001)의 주장에 근거한 것이다.

출처: 김민선 외(2010), p. 729.

본 연구에서는 Deci와 Ryan의 주장과 Wei 등이 제안한 가설을 토대로, 성인애착과 심리적 디스트레스의 관계에서 부적응적 완벽주의와 기본 심리적 욕구 만족을 매개변인으로 설정하였고, 부적응적 완벽주의에서 기본 심리적 욕구 만족에 이르는 직접 경로를 설정한 후 모형의 적합도 및 개별 직간접경로의 유의도를 검증하였다.

출처: 조화진, 서영석(2011), p. 476.

우선, Young 등(2005)과 Collins와 Read(1994)의 논의를 바탕으로, 주요 타인의 피드백에 대한 반응이 대처방식(정서적 대처, 사회적지지 추구)에 영향을 미치는 것으로 모형을 설정하였다.

출처: 안하얀, 서영석(2010), p. 581.

앞의 사례에서는 이론적 주장(또는 가설)을 토대로 조절효과, 매개변인, 직접경로, 구조모형을 설정하였다. 즉, 조절효과와 매개효과 검증을 위해서도 관련 이론과 선행 연구들을 토대로 경로와

모형을 설정하는 것이 중요함을 의미한다. 다음의 사례에서는 연구 가설이라는 용어 대신 '가정하였다' '기대했다' '예상했다' '추론할 수 있다'라는 용어를 사용하고 있는데, 이 또한 연구 가설을 의미한다.

> 셋째, 여러 연구들을 통해 알려진 사실, 즉 성인 집단에서는 무망감이(참고문헌) 그리고 청소년 집단에서는 우울이(참고문헌) 자살생각에 크게 영향을 미친다는 결과를 토대로 우울과 무망감이 군 초급간부의 자살생각에 가장 근접한 영향변인으로 가정하였다.
>
> 출처: 박승일, 이동귀(2014), p. 552.

> 따라서 애착불안 수준이 높은 사람들에게는 이들의 과장된 감정표현을 수용하고 버텨 주는 일관된 지지가 효과적일 가능성이 높다(참고문헌). 반면, 애착회피 수준이 높은 사람들은…… 부정적인 사건이나 감정을 타인에게 숨기고 혼자 처리하는 경향이 있다(참고문헌). 따라서 상대방으로부터 지지를 받더라도 이를 수용하지 않고 차단할 가능성이 높다. 본 연구에서는 이런 두 애착차원(애착불안, 애착회피)의 차이점을 고려하여, 사회적 지지가 애착불안의 맥락에서는 조절효과를 가지지만 애착회피의 맥락에서는 조절효과를 갖지 않을 것으로 예상하였다.
>
> 출처: 최윤영, 서영석(2015), p. 753.

우선, 스트레스 완충 모형(참고문헌)에 따르면, 사회적 지지
는 개인이 경험하는 스트레스의 영향을 완화시키는 역할을 한
다(참고문헌). 많은 연구를 통해 사회적 지지의 완충효과, 즉 조
절효과가 입증되어 왔다. 예를 들어, 아동이 경험하는 스트레스
가 적응에 미치는 영향(참고문헌), 새터민 대학생들의 문화적
응 스트레스가 대학생활 적응에 미치는 영향(참고문헌), 직장
에서의 역할 스트레스가 직무탈진에 미치는 영향(참고문헌),
노인들의 생활 스트레스가 탄력성에 미치는 영향(참고문헌)
을 사회적 지지가 조절하는 것으로 나타났다. 또한, 이혼 후 아
이의 양육을 맡고 있는 아버지에게 있어 양육 관련 사회적 지
지는 스트레스의 영향을 완충시키는 것으로 나타났다(참고문
헌). 이러한 연구 결과는 스트레스 완충모형의 타당성을 지지하
는 것이며, 더 나아가 재혼가정 청소년들의 경우에도 사회적 지
지가 조절변인으로서 기능할 것이라는 추론을 가능케 한다.

출처: 고은영, 서영석(2012), pp. 402-403.

본 연구 안내하기 요약

이 부분은 '서론 및 이론적 배경'의 마지막 부분에 해당하는데, 다음과 같은 내용을 기술하면서 본 연구를 통해 구체적으로 무엇을 밝히고자 하는지 일목요연하게 설명한다. 즉, 연구의 목적과 시사점 및 의의를 기술하고, 연구의 주요 내용 및 연구 설계를 종합적으로 기술하며, 필요할 경우 연구변인을 조작적으로 정의하고, 연구 가설(또는 연구 문제)을 제시한다.

■ **연구 목적 기술하기** 연구의 목적을 포괄적으로 다시 한번 기술한다.

■ **연구에 대한 종합적 요약 및 연구 설계 기술하기** 연구에서 구체적으로 무엇을 어떻게 했는지를 압축적이면서도 명료하게 기술한다.

■ **연구변인의 조작적 정의 기술하기** 추상적인 구성개념을 어떻게 구체적이고 측정 가능한 형태로 변환하여 정의했는지를 기술한다.

■ **연구의 의의 기술하기** 연구의 의의 및 예상되는 기여를 간략히 기술한다.

■ **연구 문제/연구 가설 제시하기** 근거가 되는 이론과 선행 연구 결과를 토대로 연구 가설을 제시한다. 연구 가설을 제시할 만큼 이론적 근거가 충분하지 않거나 선행 연구가 많지 않아 연구 가설을 설정하지 않았을 경우 그렇다고 기술한다. 또한 탐색적인 성격이 강한 연구 주제에 대해서는 연구 가설 대신 연구 문제를 기술한다.

3. 서론 및 이론적 배경 이렇게 쓰면 좋아요!

논문을 작성할 때에는 학계에서 합의한 방식으로 글을 쓰는 것이 중요하다. 모든 학술지에는 논문 투고자들이 숙지해야 할 편집 및 출판 규정이 마련되어 있는데, 규정에 포함되어 있지 않은 사안의 경우 상담 관련 학술지들에서는 『미국심리학회 출판 매뉴얼(American Psychological Association Publication Manual, 6th Ed.)』을 참고할 것을 권하고 있다. '서론 및 이론적 배경'에서는 '시제'와 '소제목'에 유의하는 것이 좋다. 다음에서 하나씩 살펴보자.

1) 시제

서론 및 이론적 배경에서는 현재와 과거, 미래 시제를 모두 사용한다. 우선 연구 주제와 관련된 화두(예: "최근…… 문제가 주목을 받고 있다."), 배경이 되는 이론(예: "애착이론은…… 가정한다.")과 개념(예: "대처란…… 인지적·행동적 노력을 의미한다."), 선행 연구 결과 해석(예: "이는…… 완벽주의가 아시아인들 사이에서 상대적으로 더 높다는 것을 의미한다."), 연구 문제(예: "내담자와 상담자의 작업동맹패턴은 다른가?")는 현재 시제로 기술한다.

반면, 연구 동향(예: "많은 선행 연구들은…… 개인 내 변인에 초점을 맞춰 왔다."), 선행 연구(예: "…… 영향을 살펴보았다.") 및 결과는 과거 시제를 사용한다. 한편, '본 연구의 목적'은 현재 시제로 기술하는 경우도 있고(예: "본 연구는 …… 확인하는 데 그 목적이 있다."),

과거 시제를 사용하는 경우도 있다(예: "…… 모형의 적합도 및 매개효과를 검증하고자 하였다.").

마지막으로, 연구의 의의(예: "…… 직장여성들을 돕는 데 유용한 정보를 제공할 수 있을 것이다."), 후속 연구의 방향 및 예상되는 결과(예: "…… 대학생들 또한 완벽주의 특성이 강할 것으로 예상할 수 있으며……."), 연구 가설(예: "…… 스트레스가 우울 및 신체화에 미치는 영향은 감소할 것이다.")을 기술할 경우에는 미래 시제를 사용한다.

2) 소제목

일반적으로, 서론 및 이론적 배경에서는 다루어야 할 내용이 많다. 즉, 배경이 되는 이론을 소개해야 하고, 관련 연구들을 비판적으로 고찰해야 하며, 본 연구의 목적 또한 설득력 있게 기술해야 한다. 이렇게 많은 양의 정보를 쉼 없이 쏟아 낼 경우 독자들은 정보의 바다에서 길을 잃기 십상이다. 이때 소제목을 달아 그 아래에 관련 내용을 제시한다면, 장황한 내용은 구조를 갖게 되어 독자들이 내용을 보다 조직적으로 이해하는 데 도움이 될 것이다. 소제목을 달지 않고 서론과 이론적 배경을 작성한 논문들도 많기 때문에 이 일이 반드시 필요한 일은 아니지만, 처음 논문을 작성하는 연구자들이라면 참고할 사안이라고 판단된다. 다음에 제시한 사례에서는 연구변인, 변인 간 관계, 연구의 목적, 연구 모형 및 가설에 대해 소제목을 제시하고 그 아래에 해당 내용을 제시하고 있다.

상담자 자기개방, 내담자의 아시아문화가치 충실도, 회기성과
상담자 자기개방의 유형과 깊이, 즉각적 성과
연구의 목적

출처: Kim et al. (2003).

Shaffer 등의 중독증후군모델과 페이스북 중독 과정
외로움: 페이스북 중독의 심리사회적 위험요소
대인 민감: 페이스북 중독의 기저 취약성
연구 모형 및 연구 가설

출처: 고은영 외(2014).

서론 및 이론적 배경 이렇게 쓰면 좋아요! 요약

■ 서론 및 이론적 배경에서 주목해야 할 스타일 관련 사항
으로는 시제와 소제목을 들 수 있다.
■ 서론 및 이론적 배경에서는 현재와 과거, 미래 시제를 모
두 사용한다.
■ 연구 주제와 관련된 화두, 배경이 되는 이론과 개념, 선
행 연구 결과 해석, 연구 문제는 현재 시제로 기술한다.
■ 연구 동향, 선행 연구와 관련된 내용은 과거 시제를 사
용한다.

■ 연구의 의의, 후속 연구의 방향 및 예상되는 결과, 연구 가설을 기술할 경우에는 미래 시제를 사용한다.

■ 서론 및 이론적 배경에 소제목을 다는 것이 반드시 필요한 일은 아니지만, 연구변인, 변인 간 관계, 본 연구(연구의 목적, 연구 모형 및 가설 등)에 대해 **소제목**을 제시하고 그 아래에 해당 내용을 제시하면 보다 내용을 조직적으로 이해할 수 있다.

4. 3개 논문의 서론 및 이론적 배경 한눈에 보기

이 장을 마치기 전에, 실제 출판된 논문들이 어떤 구조와 내용으로 서론 및 이론적 배경을 구성하고 있는지 전체적인 그림을 제시하고자 한다. 이를 위해, 저자들이 분석한 논문 가운데 3개(외국 논문 2개, 한국 논문 1개)를 선정해서 각각의 논문이 어떤 순서와 내용으로 서론 및 이론적 배경을 구성했는지 분석하였다. 나머지 세 장(방법, 결과, 논의)에서도 같은 방식으로 각 장 마지막 부분에 분석한 내용을 제시할 예정이다. 서론 및 이론적 배경에 대한 분석을 위해서 Wei, Vogel, Ku, 그리고 Zakalik(2005), Dahling, Melloy, 그리고 Thompson(2013), 안하얀과 서영석(2010)의 논문을 선정하였고, 각 논문의 전체 구조는 다음과 같다.

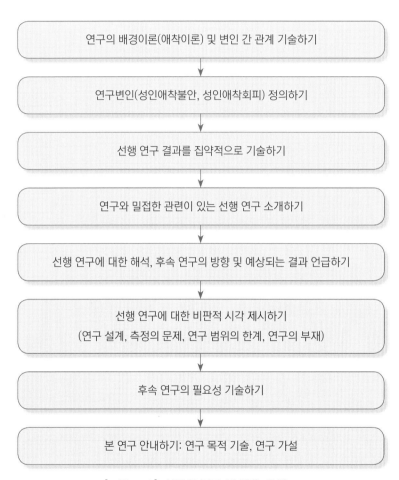

[그림 1-2] 서론의 구조 및 내용 예시 1

출처: Wei et al. (2005).

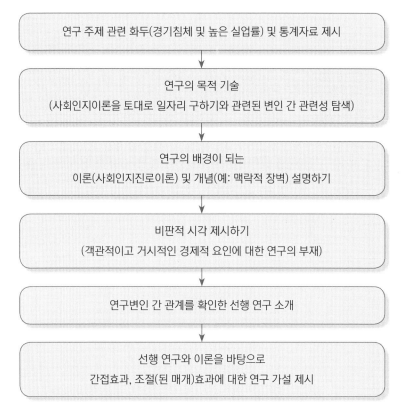

연구 주제 관련 화두(경기침체 및 높은 실업률) 및 통계자료 제시

연구의 목적 기술
(사회인지이론을 토대로 일자리 구하기와 관련된 변인 간 관련성 탐색)

연구의 배경이 되는
이론(사회인지진로이론) 및 개념(예: 맥락적 장벽) 설명하기

비판적 시각 제시하기
(객관적이고 거시적인 경제적 요인에 대한 연구의 부재)

연구변인 간 관계를 확인한 선행 연구 소개

선행 연구와 이론을 바탕으로
간접효과, 조절(된 매개)효과에 대한 연구 가설 제시

[그림 1-3] 서론의 구조 및 내용 예시 2

출처: Dahling et al. (2013).

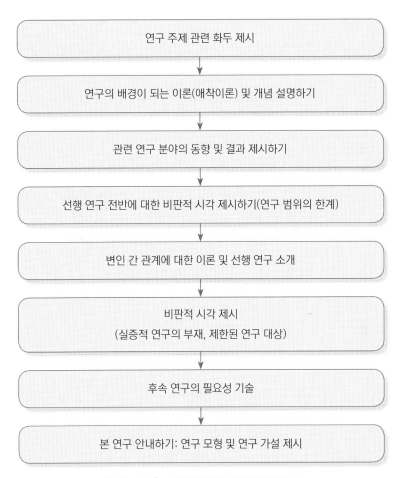

[그림 1-4] 서론의 구조 및 내용 예시 3

출처: 안하얀, 서영석(2010).

CHAPTER

2

방법
- 튼튼한
연구장비
갖추기

1. 방법 한눈에 보기

참여자	• 표본을 추출한 집단 • 참여자의 인구통계학적 정보
도구/검사	• 구성개념 또는 척도의 명칭 • 개발자 및 문항 수 • 척도 유형, 예시 문항 • 신뢰도 및 타당도
절차	• 연구 홍보 및 참여자 모집 • 연구 참여 과정 • 보상제공 • 응답의 질 점검 및 처리 • 결측값 처리
자료분석	• 자료분석 방법 및 사용 목적 • 자료분석 방법의 특징 및 채택 이유 • 제3의 변인 영향 통제
기타: 실험 설계, 검정력 분석	• 실험연구에서 독립변인과 종속변인을 기술 • 검정력 분석을 통해 특정 효과크기를 얻기 위한 사례 수 계산

[그림 2-1] 방법의 전체 구조 및 내용

방법(method)은 연구자가 서론에서 밝힌 연구의 목적 및 가설에 따라 실제로 연구가 어떻게 진행되었는지를 구체적으로 서술하는 부분이다. 이때 연구에 참여한 사람, 연구에서 사용한 도구, 연구 진행 절차 등을 상세히 기술한다. 저자들이 검토한 논문들에서는 공통적으로 ① 참여자(participants), ② 도구/검사(instrument/measures), ③ 절차(procedure)를 '방법'의 하위 영역으로 포함하고 있었고, 많은 논문에서 ④ 자료분석(data analysis)을 별도의 절로 제시하고 있었다. 또한 몇몇 논문에서는 실험 설계(experimental design), 검정력 분석(power analysis) 등의 소제목으로 관련 내용을 기술하고 있었다. '방법'의 전체 구성요소와 내용을 [그림 2-1]에 제시하였다.

방법의 첫 번째 영역은 '참여자'인데, 연구에 참여한 집단(표본) 및 표본크기, 표본의 인구통계학적 특성을 기술한다. 두 번째 영역인 '도구/검사'에서는 연구변인을 측정하는 데 사용한 검사도구의 명칭과 저자, 문항 수, 측정방법, 예시 문항, 신뢰도, 타당도를 서술한다. 세 번째 영역인 '절차'에서는 연구 참여자를 모집하는 과정, 설문조사 진행 과정, 결측치(missing data) 처리 방법, 연구 참여에 대한 보상 제공 여부 등 연구가 진행된 과정을 상세히 설명한다. 논문에 따라서는 '절차'를 별도의 영역으로 제시하거나 '연구 참여자 및 절차'와 같이 연구 참여자와 함께 서술하기도 한다.

많은 논문에서 별도의 영역으로 제시하고 있는 '자료분석'에는 연구에서 사용한 통계분석의 종류, 특징, 이론적 근거 등 연구자가 중요하다고 생각하는 내용을 자유롭게 기술한다. 논문에 따라서는 '자료분석'에 해당되는 내용을 소제목 없이 다음 장인 '결과'에 서술하기도 한다. 마지막으로, 실험을 진행했을 경우 '실험 설계'라는 소제목하에 독립변인의 수준(또는 조건) 등을 기술하고, 검정력(power)과 효과크기를 고려해서 표본 크기를 정했을 경우 '검정력 분석'을 별도로 제시한다.

2. 방법 자세히 들여다보기

저자들이 검토한 논문 중 80%에 해당되는 논문들이 참여자(participants, sample)와 절차(procedure)를 별도의 절로 구분해서 기술하고 있었고, 나머지 논문에서는 '참여자 및 절차'로 묶어 내용을 함께 제시하고 있었다. 따라서 이 책에서는 '참여자'와 '절차'를 별도의 절로 구분해서 분석한 내용을 각각 제시하고자 한다. 또한 대부분의 논문에서는 참여자, 도구, 절차, 자료분석 순으로 내용을 기술하고 있었다. 따라서 이 책에서도 참여자, 도구, 절차, 자료분석 순으로 내용을 기술하고자 한다. 한편, 실험 설계와 검정력 분석은 '자료분석' 이후에 '기타'로 묶어 함께 제시하고자 한다.

1) 참여자

방법의 첫 번째 영역인 '참여자'에서는 표본이 추출된 집단과 표본의 크기를 기술하고, 참여자의 인구통계학적 정보(예: 나이, 성별 등)를 보고한다. 참여자라는 용어 대신 '연구 대상'으로 표현하는 논문들도 있다.

(1) 표본을 추출한 집단

연구 참여자 또는 연구 대상과 관련해서 가장 먼저 기술하는 것은 연구 참여자들이 누구인지(즉, 어느 집단에 속한 사람들인지)이다. 다음의 사례에서는 연구 대상이 각각 (2개 대학교에 재학 중인) 남자 대학생, (5개 부대에 근무하는) 육군 초급간부라고 밝히고 있다.

> 서울과 지방 소재 2개 대학교의 **남자 대학생** 403명을 대상으로 자기보고식 설문지를 실시하였다.
>
> 출처: 박경(2008), p. 523.

> 본 연구는 육군의 상비사단 3개 부대와 군수지원사령부 2개 부대에 근무하는 초급간부 중 소대장 및 부소대장, 하사분대장, 포반장, 본부중대장, 군수지원사령부 **초급간부**를 대상으로 하였다.
>
> 출처: 박승일, 이동귀(2014), p. 554.

몇몇 논문에서는 연구 목적에 부합하는 사람들을 모집했다고 밝히고 있었다. 이처럼 연구자가 연구 목적에 부합하는 사람들을 모집하기 위해 사전에 선발 기준을 세우고 그것에 따라 참여자들을 모집했다면 이에 관한 설명을 본문에 기술하는 것이 좋다. 다음의 사례들을 살펴보자.

본 연구에서는 자녀를 둔 부부 중 결혼연한이 2년 이상 된 30, 40대 부부들을 연구 대상으로 하였다. 연구 대상을 자녀를 둔 결혼연한 2년 이상의 부부로 한정한 이유는, 결혼기간과 자녀 유무가 결혼만족도에 편파적인 효과를 미칠 수 있다는 주장이 제기되어 왔기 때문이다.

출처: 김시연, 서영석(2008), p. 1249.

본 연구의 참여자는 만 18세 이하의 미성년 자녀를 적어도 한 명 이상 둔 전국에 거주하는 기혼인 취업 여성이었다.

출처: 조윤진, 유성경(2012), p. 445.

---

(2) 참여자의 인구통계학적 정보

어느 집단에서 참여자들을 모집했는지 기술한 후에는, 연구 참여자들의 인구통계학적 특성을 보고한다. 인구통계학적 특성을 보고하는 주된 목적은, 연구에 참여한 사람들이 여러 측면(나이, 성별, 연구 주제와 관련된 특성 등)에서 연구 결과를 적용 또는 일반화하고자 하는 모집단을 대표하는지를 보여 주기 위함이다. 결국, 연구 참여자의 인구통계학적 특성이 모집단의 특성과 유사하다면 연구 결과를 모집단에 일반화하기가 용이할 것이다(즉, 연구의 외적 타당도가 높을 것이다). 우선 연구 참여자의 성별과 연령 분포를 기술하는데, 다음의 사례를 살펴보자.

> 성별 분포를 보면 총 204명 중 남학생이 85명(41.7%), 여학생이 119명(58.3%)으로 여학생의 참여비율이 더 높았으며, 평균 연령은 21.15세(SD=2.01)였다.
>
> 출처: 이지원, 이기학(2014a), p. 73.

> (중략) 불성실하게 응답한 38명의 자료를 제외한 412명(여 210, 남 202)의 설문지를 자료분석에 사용하였다. 참여자들의 평균연령은 21.9세(SD=2.33세)였고…….
>
> 출처: 이은지, 서영석(2014), p. 419.

성별이나 연령 이외에도 연구 주제와 관련이 있거나 연구 결과에 영향을 미칠 수 있는 인구통계학적 특성을 보고한 논문들이 있었다. 다음의 사례를 살펴보자.

> 한국에 체류한 기간은 1년 이하가 80명(21.7%), 1~2년 117명(31.0%), 2~3년 80명(21.2%), 3~4년 46명(12.2%), 4~5년 25명(6.6%)으로 나타났다.
>
> 출처: 김민선, 석분옥, 박금란, 서영석(2010), p. 730.

앞의 사례에서는 연구 참여자인 중국유학생들의 한국 체류기간을 보고하고 있다. 이를 통해 연구자는 참여자의 체류기간이 특정 기간에 편중되어 있지 않고, 연구에서 밝히려는 현상을 드러낼 만큼 참여자들의 체류기간이 충분하다는 점을 간접적으로 나타내고 있다. 다른 사례를 살펴보자.

연구 참여자들의 신장은 158～188cm(M=173.31, SD=5.37), 몸무게는 43～110kg(M=63.85, SD=11.38)으로 나타났다. …… 전체 참여자의 27.7%는 저체중 집단, 65.3%는 정상체중 집단, 7%는 과체중 집단에 속하는 것으로 나타났다 (M=21.21, SD=3.36).

출처: 김시연, 서영석(2012), p. 934.

앞의 사례는 남자 고등학생의 부정적 섭식행동과 근육질 추구의 관계를 연구한 논문에서 발췌한 것인데, 비록 연구변인은 아니지만 연구 결과에 영향을 미칠 수 있는 신장, 몸무게, 체질량지수 등이 편중되지 않고 골고루 분포하고 있음을 나타내고 있다. 한 가지 사례를 더 살펴보자.

가족구조에 따른 분포는 새아버지와 함께 거주하는 학생이 39명(43.3%), 새어머니와 함께 거주하는 학생이 39명(50%), 가족구조를 표기하지 않은 학생이 6명(6.7%)이었다. 새부모님과 함께 거주한 기간이 2년 미만인 경우는 30명(33.3%), 2년 이상인 경우는 48명(53.3%), 무응답은 12명(13.3%)이었다.

출처: 고은영, 서영석(2012), p. 404.

앞의 예시는 재혼가정 청소년이 경험하는 스트레스와 가족생활 적응 간 관련성을 탐색한 연구에서 발췌한 것인데, 새아버지 또는 새어머니와 함께 거주하는 학생들의 수와 거주기간을 제시하고 있다. 한편, 국내에서 출판된 논문들에서는 보고할 인구통계학적 정보가 많을 경우 일일이 본문에 서술하기보다는 표로 제시하고 있었다.

✋ 여기서 잠깐!

논문에 따라서는 설문에 응답하거나 실험 처치에 노출된 참여자뿐 아니라, 연구에서 중요한 역할을 수행한 사람들에 대해서도 보고하고 있었다. 예를 들어, 상담과정 및 효과를 연구한 논문에서는 연구 참여자를 ① 내담자, ② 상담자, ③ 평정자로 구분하여 이들의 특성과 어떻게 모집하고 훈련시켰는지를 보고하고 있었다. 서술 방식은 일반적인 연구 참여자와 동일하지만, 대상에 따라 중요한 정보가 다르기 때문에 서술 내용이 다를 수 있다.

① 내담자
내담자의 경우 성별, 연령, 증상의 정도, 호소문제, 상담 경험 유무 등을 제시하였다.

상담자들은 2~4명의 내담자들과 상담을 하면서 자료를 수집하였는데, 총 28명(남자 9명, 여자 19명)의 내담자가 연구에 참여하였다. 내담자의 연령은 18세에서 31세까지 분포하였고($M=22.0$, $SD=2.46$), 20대($n=24$, 85.7%)가 가장 많았다. …… 이들의 상담 전 심리적 디스트레스의 평균은 최소 0.67에서 최대 2.67까지 분포하였다(0점=심리적 디스트레스가 전혀 없음, 4점=심리적 디스트레스가 아주 심함). 16명(57.1%)이 이전에 상담경험이 없었고, 상담에서 호소한 문제로는 학업진로문제(n=10, 35.7%), 대인관계문제(n=9, 32.1%), 진로문제와 대인관계문제를 함께 호소한 경우는 2명(7.1%), 학교생활적응과 가정문제를 호소한 경우는 각각 1명(3.6%), 기타 5명으로 나타났다.

출처: 서영석 외(2012), p. 759.

② 상담자

연구에 참여한 상담자의 수, 연령, 성별 분포, 학력, 상담 경력 및 자격증 등을 기술한다.

상담자들은 자료수집 개시 시점에 한국상담심리학회 상담심리사 1급(n=6) 또는 2급(n=4) 자격증을 소지하고 있었다. 상담자들의 평균 연령은 33.6세(SD=5.71)였고, 27세에서 41세까지 분포하였다. 10명의 상담자 중 9명이 여성이었으며, 5명(50%)이 미혼이었다. 학력은 석사학위 취득 2명(20%), 박사과정 재학 및 수료 6명(60%), 박사학위 취득 2명(20%)으로 각각 나타났다. 상담자들의 상담경력은 18개월부터 144개월(M=69.29, SD=35.51)까지 분포하였는데……

출처: 서영석 외(2012), p. 758.

③ 평정자

평정자란 당초 계획했던 대로 처치가 이루어졌는지를 확인하거나 연구변인이 얼마나 발생했는지를 평가하는 사람을 말하는데, 다음의 사례에서는 인원수, 성별, 인종, 이민 세대 등을 서술하고 있다.

> 5명의 아시아계 미국인 대학생들이 평정자로 참여하였다(남자 2명, 여자 3명; 중국계 미국인 3명, 인도계 미국인 1명, 한국계 미국인 1명). …… 3명은 이민2세대, 2명은 미국에서 출생하였다.
>
> 출처: Kim, Li, & Liang (2002), p. 344.

참여자 요약

■ **표본을 추출한 집단** 연구 참여자들을 모집한 집단과 크기를 보고하되, 참여자를 모집할 때 적용한 기준이 있다면 구체적으로 기술한다.

■ **참여자의 인구통계학적 정보** 참여자들의 주요 인구통계학적 특성(예: 나이, 성별, 거주지역 등)을 보고하되, 표본의 적절성과 연구의 외적 타당도(표본이 모집단을 대표하는 정도)가 드러날 수 있도록 보고한다.

■ 연구에 따라서는 설문에 응하거나 실험처치에 노출된 사람들뿐 아니라, 처치를 실행한 사람(예: 상담자), 원래 계획한 대로 처치가 이루어졌는지 등을 확인하는 사람(평정자) 또한 연구 참여자에 포함시켜 이들의 특성을 보고한다.

2) 도구/검사

대체로 논문에서는 연구 참여자 관련 정보를 기술한 다음, 연구변인을 측정하기 위해 어떤 도구를 사용했는지 보고한다. 이때 각 변인을 측정하기 위해 사용한 척도뿐 아니라 참여자의 기본 정보를 확인하기 위해 사용한 인구통계학적 설문지의 내용까지 구체적으로 서술한다.

도구를 기술하는 순서가 정해져 있는 것은 아니지만, 독자들이 이해하기 쉬운 방식으로 도구를 서술하는 것이 중요하다. 예를 들어, 매개모형의 적합도를 검증하는 논문에서는 보통 가설모형에서 제시하고 있는 변인들의 순서에 따라 측정도구를 기술한다. 즉, 예측변인, 매개변인, 준거변인 순으로 도구를 기술하고 있는데, 이럴 경우 독자들이 전반적인 연구의 흐름과 내용을 이해하기 쉽고 가독성이 높아진다는 장점이 있다. 참여자의 인구통계학적 특성을 확인하기 위해 사용한 설문지는 보통 도구의 앞부분이나 말미에 기술한다. 다음에서는 많은 논문에서 따르고 있는 보고 순서에 따라 각각의 도구를 기술할 때 포함시키는 요소 또는 내용을 제시하였다.

(1) 구성개념 또는 척도의 명칭

측정도구와 관련해서 가장 먼저 기술하는 것은 구성개념의 명칭 또는 변인의 이름이다. 보통 **진하게** 또는 이탤릭체로 소제목을 다는데, 구성개념의 명칭(예: **자존감**) 또는 측정도구의 이름(예:

Rosenberg의 자존감척도)을 제시한다. 구성개념 또는 측정도구의 명칭을 제시한 후, 무엇을 측정하기 위해 어떤 도구를 사용했는지 구체적으로 기술한다. 다음의 예를 살펴보자.

자기자비. 자기자비를 측정하기 위해 Neff(2003b)가 개발한 자기자비 척도(Self-Compassion Scale: SCS)를 김경의 등(2008)이 번안하여 타당화한 한국판 자기자비 척도(K-SCS)를 사용하였다.

출처: 이은지, 서영석(2014), p. 420.

앞의 사례에서는 **구성개념의 명칭**(자기자비)을 진하게 제목으로 제시한 다음, 구체적으로 무엇을 측정하기 위해 어떤 척도를 사용했는지 기술하고 있다. 구성개념 대신 **측정도구의 이름**을 제목으로 제시한 사례를 살펴보자.

한국판 긍정심리치료척도(Korean Positive Psychotherapy Inventory: K-PPTI). (중략) 본 연구에서는 이를 한국어로 번안하고 타당화한(참고문헌) 한국판 긍정심리치료척도(K-PPTI)를 사용했다.

출처: 윤성민, 신희천(2013), p. 285.

한편, 외국에서 개발된 도구를 사용할 때에는 개발자와 척도의

이름을 제시하되, 번안한 한글 명칭을 먼저 제시한 후 괄호 안에 원어를 제시한다. 이때 국내에서 번안 또는 타당화가 이루어졌는지, 연구자들이 직접 번안하여 사용하였는지 등을 기술한다. 다음의 사례를 살펴보자.

　상담에 대한 태도.　연구에 참여한 교사들이 지니고 있는 상담 태도를 측정하기 위해 Fischer와 Farina(1995)가 10문항으로 간소화한 '상담에 대한 태도 척도의 단축형(Attitudes Toward Seeking Professional Psychological Help Scale-Short Form: ATSPPH-SF)'을 사용하였다. …… 본 연구에서는 Fischer와 Farina(1995)가 간소화한 10개 문항을 박준호(2009)가 역번역 방법으로 번안한 척도를 사용하였다.

출처: 최보영, 김아름, 김보람, 이상민(2011), p. 220.

　가족경계혼란.　본 연구에서는 재혼가정 청소년들이 지각하는 가족경계혼란을 측정하기 위해 Pearce-McCall(1988)이 개발한 경계혼란 척도(Boundary Ambiguity Scale: BAS)를 번안하여 사용하였다.

출처: 고은영, 서영석(2012), p. 404.

　경우에 따라서는 기존의 척도를 연구 목적에 맞게 수정/보완해서 사용하거나, 이미 다른 연구에서 수정/보완한 척도를 그대로 가지고 와서 사용하는 경우가 있는데, 이때에는 해당되는 사항을 본문에 기술한다.

> 결과기대. 화학전공을 가치 있게 여기는 정도를 측정하기 위해, Lent 등(2001)이 개발하고 Byars-Winston 등(2010)이 수정한 18개 문항을 사용하였다. 수학을 언급한 10문항을 '화학'으로 바꿔 사용하였다(예: "미래직업을 위해 화학이 필요하다.").
>
> 출처: Hardin & Longhurst (2016), pp. 235-236.

> 자아정체감. 자아정체감 수준을 측정하기 위해 방아청(1996)이 개발한 한국형 자아정체감 검사 내용을 신순란(1999)이 수정 · 보완한 것을 사용하였다.
>
> 출처: 김은석, 유성경(2013), p. 902.

한편, 기존에 개발된 척도가 없어서 연구자가 연구 목적에 맞게 직접 문항을 제작해서 사용하는 경우가 있다. 이는 본격적으로 문항을 개발하고 여러 단계를 거쳐(예: 요인분석, 타당도 검증, 검사–재검사 신뢰도 검증) 척도를 타당화하는 것과는 구분된다. 이에 해당되는 사례를 살펴보자.

> 감시. 얼굴크기 및 모양과 관련된 문화특수적인 신체감시를 측정하기 위해 8개 문항을 제작하였다. …… 이를 위해 Buchanan 등(2008)이 미국흑인여성들의 피부색 관련 신체감시를 측정하기 위해 개발한 피부색 감시척도 문항들을 참고하였다.
>
> 출처: Kim, Seo, & Baek (2014), p. 30.

기존의 척도를 수정/보완해서 사용하건, 외국에서 개발된 척도
를 번안하여 사용하건, 또는 연구 목적에 맞게 문항을 직접 개발
하건, 연구자는 연구에서 사용한 척도가 구성개념을 타당하게 측
정하고 있다는 증거를 독자에게 제시해야 한다. 이와 관련된 내
용은 척도의 타당도를 기술하는 부분에서 다시 언급할 것이다.

(2) 개발자 및 문항의 수

구성개념 또는 측정도구의 명칭을 기술한 다음, 측정도구를 개
발한 학자와 척도에 포함된 문항의 수를 보고한다. 이때 측정도
구가 몇 개의 하위 척도(또는 하위 요인)로 구성된 경우에는 각각
의 명칭과 함께 포함된 문항 수를 보고한다. 이에 해당되는 사례
를 살펴보자.

> 대인관계문제를 측정하기 위해 홍상황 등(2002)이 제작한
> '한국형 대인관계문제검사 원형척도'의 단축형을 사용하였다.
> 이 척도는 통제지배, 자기중심성, 냉담, 사회적 억제, 비주장
> 성, 과순응성, 자기희생, 과관여 등 8개 하위 차원으로 구성되
> 어 있는데, 하위 차원마다 5문항씩 총 40문항으로 이루어져
> 있다.
>
> 출처: 안하얀, 서영석(2010), p. 586.

한편, 연구 목적에 따라 측정도구에 포함된 전체 문항을 사용하
지 않고 하위 척도 또는 하위 요인을 선별하여 사용하는 경우가

있는데, 이때 연구자는 이 사실을 명시하고 해당되는 문항의 수를 보고한다. 그 예를 국내 논문에서 살펴보자.

연구 참여자의 대인 민감 정도를 측정하기 위해 Derogatis (1977)가 개발하고 김광일, 김재환과 원호택(1984)이 표준화한 간이정신진단검사(SCL-90-R) 9개의 하위 요인 중 대인예민성 9문항을 사용하였다.

출처: 고은영, 최윤영, 최민영, 박성화, 서영석(2014), p. 720.

---

(3) 척도 유형

측정 도구의 문항 수나 내용뿐만 아니라 도구가 어떤 척도(예: Likert 유형 척도)로 평정되는지를 보고한다. 가장 일반적으로 사용되는 것은 Likert 유형 척도인데, 보통 양극단의 점수를 밝히고 그것의 의미를 설명한다. 또한 점수가 높은 것이(또는 낮은 것이) 무엇을 의미하는지 기술한다. 다음의 예를 살펴보자.

각 문항은 '전혀 그렇지 않다'(1점)에서 '매우 그렇다'(5점)까지 5점 척도로 평정하며, 점수의 합이 클수록 대인관계에서 어려움을 경험하고 있음을 의미한다.

출처: 안하얀, 서영석(2010), p. 586.

> (중략) 문항은 7점 리커트 척도(1=전혀 그렇지 않다, 7=매우 그렇다)로 평정하고, 점수가 높을수록 애착불안과 애착회피 수준이 높음을 의미한다.
>
> 출처: 조화진, 서영석(2011), p. 477.

한편, 연구자가 원척도의 평정방식에 한계가 있다고 판단해서 다른 평정방식을 사용했을 경우 연구자가 채택한 평정 방식 및 채택 이유를 원래의 평정 방식과 함께 기술한다. 다음의 예를 살펴보자.

> CDS는 본래 4점 리커트식 척도로 평정되나, 종속변인의 경우 선택의 폭이 제한되면 통계 검정력이 떨어질 수 있기 때문에(참고문헌), 본 연구에서는 '전혀 그렇지 않다'(1점)에서 '매우 그렇다'(7점)의 7점 리커트식 척도로 변환하여 사용하였다.
>
> 출처: 이지원, 이기학(2014b), p. 63.

(4) 예시 문항

예시 문항을 제시하면 측정도구가 무엇을 측정하는지 구체적으로 이해할 수 있다. 많은 경우 큰따옴표(" ") 안에 예시 문항을 제시한다.

> (중략) 문항의 예로는, "나는 내가 입고 있는 옷이 나를 돋보
> 이게 하는지 신경을 쓴다." 등이 있다.
>
> 출처: 김시연, 서영석(2012), p. 935.

측정도구에 하위 요인이 있을 경우 하위 요인마다 예시 문항을
기술하는 것이 좋다.

> (중략) 이 척도는 **통제지배**(예: "내가 원하는 것을 얻기 위해
> 다른 사람들을 자주 조종하거나 이용한다."), **자기중심성**(예:
> "다른 사람의 요구를 먼저 들어주기가 어렵다."), **냉담**(예: "다
> 른 사람에게 친근감을 느끼기가 어렵다."), **사회적 억제**(예: "다
> 른 사람들과 어울리는 자리를 자주 피한다."), **비주장성**(예: "내
> 가 원하는 것을 말하기가 어렵다."), **과순응성**(예: "다른 사람들
> 의 말을 너무 쉽게 따른다."), **자기희생**(예: "다른 사람의 고통
> 이나 불행을 보면 도와주려고 너무 나선다."), **과관여**(예: "다른
> 사람이 하는 일을 보고 있으면 참견하고 싶어진다.") 등 8개 하
> 위 요인 총 40문항으로 이루어져 있다.
>
> 출처: 이은지, 서영석(2014), p. 421.

(5) 신뢰도

신뢰도(reliability)는 측정도구가 구성개념을 얼마나 일관되
고 안정적으로 측정하는지를 의미한다. 대부분의 논문에서는
문항의 내적 일치도(또는 내적 합치도, 내적 일관도)를 나타내는

Cronbach의 alpha를 보고하는데, 경우에 따라 시간의 안정성을 나타내는 검사-재검사 신뢰도를 함께 보고한다. 이때 선행 연구에서의 신뢰도뿐 아니라 본 연구에서의 신뢰도를 함께 보고하는 것이 중요하다. 다음의 사례를 살펴보자.

> 최윤선의 연구에서 K-SPA의 내적 일치도는 .90으로 나타났으며, 8주간 검사-재검사 신뢰도는 .75로 나타났다. 본 연구에서의 내적 일치도는 .75로 나타났다.
>
> 출처: 김시연, 서영석(2012), p. 936.

> RAS의 내적 일치도는 .86에서 .91까지 나타났고(참고문헌), 본 연구에서는 .85로 나타났다.
>
> 출처: 최바올 외(2013), p. 234.

측정도구에 하위 척도가 존재하고 연구에서 하위 척도들을 자료분석에 사용했다면 하위 척도별로 신뢰도를 보고할 필요가 있다. 이에 해당되는 사례를 살펴보자.

> Brennan과 Bosson(1998)의 연구에서 문항의 내적 일치도는 긍정적 반응이 .80, 부정적 반응이 .90, 무관심한 반응이 .83으로 보고되었고, 본 연구에서는 긍정적 반응 .82, 부정적 반응 .83, 무관심한 반응 .85로 각각 나타났다.
>
> 출처: 안하얀, 서영석(2010), p. 584.

(6) 타당도

타당도(validity)는 측정도구가 해당 구성개념을 얼마나 잘 측정하는지를 나타낸다. 척도의 타당도가 낮거나 의심될 경우 연구결과 및 연구의 의의가 심각하게 훼손될 가능성이 높다. 따라서 연구자는 연구를 시작하면서 타당도가 입증된 척도를 찾는 노력을 기울여야 한다. 만일 연구 목적에 부합하는 척도가 없어서 연구자가 직접 문항을 개발해야 한다면, 개발해서 사용한 척도가 타당하다는 증거를 논문에 제시해야 한다.

타당도에는 내용 타당도(content validity)*, 구성개념 타당도(construct validity)*, 준거 관련 타당도(criterion-related validity)* 등이 있는데, 대부분의 논문에서는 구성개념 타당도와 준거 관련 타당도가 어떻게 확보되었는지를 보고한다. 중요한 것은, **측정도구의 타당도와 관련된 정보를 논문에 보고해야 한다**는 것이다. 외국 학술지에 출판된 논문들은 척도의 신뢰도뿐 아니라 타당도를 보고하고 있는 반면, 국내 학술지에 출판된 논문들은 척도의 신뢰도(특히 Cronbach의 alpha)만 보고할 뿐 타당도 관련 정보를 보고하지 않는 경우가 많다. 신뢰도만으로는 척도가 해당 구성개념을 제대로 측정하는지 확신할 수 없기 때문에, **척도의 타당도가 기존 연구에서(필요할 경우 본 연구에서) 어떻게 확보되었는지를 보고할 필요가 있다.**

- 내용 타당도(content validity): 검사가 심리적 특성의 내용이나 교과 내용의 모집단(population)을 얼마나 적절히 반영하고 있는지를 의미한다(한국교육심리학회, 2000). 해당 분야의 복수의 전문가들(예: 정신건강전문가, 교사 등)에게 척도 문항들이 측정하려는 개념을 얼마나 잘 측정하는지를 평가하게 함으로써 내용타당도를 확보할 수 있다.
- 구성개념 타당도(construct validity): '구인타당도'로도 불리는데, 어떤 척도가 구성개념(구인) 또는 특성을 반영하는 정도를 의미한다. 특히 측정치와 다른 변인 간 관계가 이론에서 말하는 것과 부합되는지를 의미하기도 한다(박광배, 2000). 구성개념 타당도를 확인하는 방법으로는 ① 상이한 집단에서의 차이, ② 요인분석, ③ 수렴 및 변별 타당도 등이 있다.
- 준거 관련 타당도(criterion-related validity): 검사도구에 의해 측정된 점수와 어떤 준거(예: 다른 검사점수 등) 간 상관 정도를 의미하는데, 준거의 측정 시점에 따라 예언타당도와 공인타당도로 구분된다. 즉, 미래에 발생할 준거와의 상관을 살펴보면 예언타당도, 현재 발생하는 준거와의 상관을 살펴보면 공인타당도를 확인하는 것이다(박광배, 2000).

간혹, '이전에 타당도 작업이 이루어졌고 이후에 많이 사용되고 있는 척도들에 대해서는 타당도 관련 정보를 논문에 기술할 필요가 없는 것 아닌가요?'라는 질문을 받곤 한다. 이는 연구자의 입장에서만 보면 그럴 듯한 질문이지만, 논문이 출판된 다음 논문을 읽게 될 독자의 입장에서는 그렇지가 않다. 관련 연구를 수행할 계획을 가지고 있는 다른 연구자 또는 연구 결과를 실제 장면에 적용하려는 실무자의 입장에서는 연구 결과의 신빙성이 중요한데, 척도의 타당도는 연구 결과의 타당도를 결정하는 핵심적인 요인이다. 거의 모든 논문에서 기존 연구에서의 신뢰도를 보고하는 것처럼, 연구자는 선행 연구에서 보고한(연구를 위해 문항을 제작했을 경우 본 연구에서 확인한) 척도의 타당도 관련 정보를 본문에 구체적으로 기술해야 한다. 우선, 선행 연구에서 보고한 타당도 관련 정보를 논문에 언급한 것을 살펴보자.

> 허심양 등(2012)의 연구에서 한국판 BIS-11은 Eysenck 충동성 검사(참고문헌), 성인 ADHD 자기보고 척도(참고문헌)와 정적 상관을 보여 수렴타당도가 확보되었고, Beck 우울척도(참고문헌) 및 Beck 불안척도(참고문헌)와 부적 상관을 보여 변별타당도가 확보되었다.
>
> 출처: 최윤영, 서영석(2015), p. 756.

> Garner 등(1982)의 연구에서 EAT-26은 신체불만족 및 부정적인 신체상과 유의미한 상관이 있는 것으로 나타나 공인타당도가 입증되었다.
>
> 출처: 김시연, 서영석(2012), p. 936.

한편, 직접적으로 '타당도'라는 용어를 사용하지 않고 해당 척도가 관련 개념들과 유의한 상관이 있다고 보고함으로써 척도의 구성개념 타당도 또는 공인타당도가 확보되었음을 보고하는 경우가 있다. 다음의 사례들을 살펴보자.

> 중국어판 CES-D는 불안, 가족 내에서의 문제 및 생활 스트
> 레스와 정적 상관이 있는 것으로 나타났다(참고문헌).
>
> 출처: 김민선 외(2010), p. 732.

> Andreassen 등(2012)의 연구에서 BFAS는 중독 경향성 척도
> (참고문헌), 페이스북 사용태도 척도(참고문헌), 온라인 사회
> 성척도(참고문헌)와 유의미한 상관을 나타냈다.
>
> 출처: 고은영 외(2014), p. 719.

앞서 언급한 것처럼 기존의 척도를 수정/보완해서 사용했거나, 외국에서 개발하고 타당화한 척도를 한글로 번안해서 사용했거나, 연구 목적에 맞게 문항들을 새롭게 개발해서 사용했을 경우 연구자는 사용한 척도가 **본 연구에서도** 구성개념을 타당하게 측정하고 있다는 증거를 제시할 필요가 있다. 해당 논문들에서는 ① 요인분석(탐색적 또는 확인적 요인분석)을 실시해서 구성개념(구인) 타당도의 증거를 제시하거나, ② 본 연구에 포함된 다른 변인들과 개념적으로 일치하는 방향으로 상관이 있는지를 보고함으로써 공인타당도의 증거를 제시하고 있었다. 이에 관한 구체적인 사례들을 살펴보자.

> 본 연구에서는 음악방송에 노출된 정도를 측정하기 위해 Grabe와 Hyde(2009)의 '음악방송 노출 척도(Music Television Use: MTU)'와 오상화와 나은영(2002)의 '전체 관련매체 노출 척도'를 수정 및 보완하여 사용하였다. ······ 탐색적 요인분석을 실시한 결과 3개의 요인으로 구성된 해법이 가장 안정적인 것으로 나타나······ 이러한 3개의 요인은 전체 음악방송 노출의 81.9%를 설명하고 있었으며, 요인부하량의 범위는 .63~.84로 나타났다.
>
> 출처: 김시연, 서영석(2011), p. 1145.

앞의 사례에서는 기존의 2개 척도를 수정/보완해서 사용했다는 사실을 보고하고, 탐색적 요인분석 결과를 제시함으로써 수정/보완한 척도의 구성개념 타당도의 증거를 보여 주고 있다. 외국의 척도를 번안한 사례를 살펴보자.

> 본 연구에서는 Andreassen 등(2012)이 노르웨이 대학생을 대상으로 개발하고 타당화한 The Bergen Facebook Addiction Scale(BFAS)을 번안한 후, 평행분석과 요인분석을 통해 요인구조를 확인한 후 사용하였다······.
>
> 출처: 고은영 외(2014), p. 719.

앞의 사례는 외국에서 타당화된 척도를 번역/역번역 과정을 거쳐 번안한 후, 평행분석과 요인분석을 통해 척도의 요인구조를 확

인함으로써 구성개념 타당도의 증거를 제시하고 있다. 앞의 논문
에서는 평행분석과 요인분석의 구체적인 결과를 '결과' 부분에 제
시하고 있었다. 이제 연구 목적에 맞게 문항을 새롭게 개발한 논
문에서 타당도 관련 정보를 제공한 사례를 살펴보자.

연구자들이 개발한 8개 문항을 대상으로 최대우도법 및 사각
회전을 적용해서 탐색적 요인분석을 실시하였다. 문항들은 단
일요인에 적재되었고(eigen value=5.25), 요인부하량은 모
두 .40 이상이었으며, 요인의 70.99%를 설명하였다. 얼굴크기
와 모양 감시는 신체감시($r=.46$, $p<.01$), 신체수치심($r=.39$,
$p<.01$), 섭식장애($r=.37$, $p<.01$)와 정적 상관을 나타냈다.

출처: Kim et al. (2014), p. 30.

앞의 사례는 연구를 위해 제작한 8개 문항을 대상으로 탐색적
요인분석을 실시해서 구인타당도의 증거를 제시하고 있을 뿐 아
니라, 다른 변인들과 개념적으로 일치하는 방향으로 상관이 있음
을 보여 줌으로써 공인타당도의 증거를 제시하고 있다. 다음 사
례에서도 연구자들이 제작해서 사용한 문항들에 대해 탐색적 요
인분석을 실시해서 구인타당도의 증거를 제시하고 있다.

> (연구자들이 개발한 문항들에 대해) 탐색적 요인분석을 실시한 결과 3개 요인(시간적·물리적 접근성, 경제적 여건·상담 관련 정보, 주변 사람들의 지지)이 추출되었고(요인의 고유치 $=1.22\sim2.74$), 3요인은 전체 변량의 62.33%를 설명하였다.
>
> 출처: 안수정, 서영석(2017), p. 640.

 여기서 잠깐!

사용하려는 척도가 해외에서 다른 나라 사람들을 대상으로 개발되고 타당화되었지만 아직 우리나라 사람들을 대상으로 타당화 작업이 이루어지지 않은 경우가 종종 있다. 연구를 위해 척도를 번안해서 사용할 경우 최소한 번역/역번역 과정을 거치는 것이 중요하다. 이때 번역/역번역 방법과 절차를 논문에 기술하는 것이 좋다. 다음의 사례를 살펴보자.

> 경계혼란 척도는 다음과 같은 과정을 통해 번안되었다. 먼저, 영문학을 전공한 상담전공 석사과정생과 연구자가 각각 영문 척도를 한국어로 번안하여 내용을 비교 검토하였다. 이후, 상담전공 석사과정에 재학 중인 이중 언어 사용자(캐나다 거주 경험)와 공학전공 이중 언어 사용자(미국 거주 경험)가 각각 한국어로 번안된 척도를 다시 영어로 역번역하였다. 마지막으로 1차 번역과정에 참여했던 연구자가 역번역된 문항과 원문을 대조하여 최종 문항을 확정하였다.
>
> 출처: 고은영, 서영석(2012), p. 404.

한편, 해외에서 개발된 척도가 우리나라에서 타당화되었다면, 어떤 연구자가 언제 누구를 대상으로 타당화했는지 구체적으로 본문에 보고할 필요가 있다.

> 신체감시를 측정하기 위해 Lindberg 등(2006)이 개발한 '대상화된 신체의식 척도(The Objectified Body Consciousness Scales for Youth: OBC-Y)'를 **구자연**(2010)이 번안하고 타당화한 '한국판 청소년용 대상화된 신체의식 척도(K-OBC-Y)'의 하위영역인 '신체감시(Body Surveillance)'를 사용하였다.
>
> 출처: 김시연, 서영석(2012), p. 935.

도구/검사 요약

■ **구성개념 또는 척도의 명칭** 구성개념의 명칭 또는 측정도구의 이름을 기술한다.

■ **개발자 및 문항의 수** 측정도구 개발자와 문항의 수를 제시한다.

■ **척도 유형** 사용한 척도의 유형(예: 리커트 척도)을 보고한다.

■ **예시 문항** 예시 문항을 제시해서 측정도구가 구체적으로 무엇을 측정하는지를 보여 준다.

■ **신뢰도** 측정도구의 신뢰도(내적 일치도, 검사-재검사 신뢰도)를 보고한다.

- **타당도** 측정도구의 타당도(구성개념 타당도, 공인타당도)를 보고한다.
- 해외에서 개발된 척도를 번안하여 사용했을 경우 번역/역번역을 실시하고 그 과정을 구체적으로 기술한다.
- 해외에서 개발된 척도를 우리나라에서 타당화했다면 구체적으로 어떤 연구자가 언제 누구를 대상으로 타당화했는지 함께 보고한다.

3) 절차

연구 참여자와 도구에 관해 기술한 후, 구체적으로 연구가 어떻게 진행되었는지 자세히 기술한다. 참여자를 어떻게 모집했고, 설문이 어떤 방식으로 진행되었는지는 자료 수집 과정이 적절했는지를 평가할 수 있는 중요한 정보이다. 절차는 ① 연구 홍보 및 참여자 모집, ② 연구 참여 과정, ③ 보상 제공, ④ 응답의 질 점검 및 처리, ⑤ 결측값 처리로 구성된다.

(1) 연구 홍보 및 참여자 모집

일반적으로 '절차'의 앞부분에서는 어떤 경로와 방법을 통해 연구를 홍보하고 참여자를 모집했는지에 관해 구체적으로 기술한다. 최근에는 연구를 진행하기 전에 대학 연구윤리심사위원회(Institutional Review Board: IRB)로부터 연구 진행에 대해 승인을 받았다고 밝

히는 논문들이 증가하고 있다. 이에 관한 구체적인 사례를 살펴
보자.

> 서울 소재 한 대학교에서 연구 진행에 관한 기관 연구심의위
> 원회의 허가를 받은 후 심리학 관련 과목을 수강하는 학생 182명
> (여자 99명, 남자 83명)을 대상으로 설문을 실시하였다.
>
> 출처: 한나리, 이동귀(2010), p. 141.

> 연구 참가자들에게는 연구자가 속한 학과 연구윤리위원회로
> 부터 연구의 목적과 방법, 위험요소, 정보 보호 등에 관해 사전
> 심의와 승인을 받은 내용을 설명하고, 사전 동의를 구하였다.
>
> 출처: 이지원, 이기학(2014b), p. 73.

구체적으로, 어떻게 연구를 홍보하고 참여자를 모집했는지에
관해 기술한 사례들을 살펴보자.

> 온라인 설문은 연구자가 스마트폰을 사용하고 있는 대학생
> 들에게 설문 문항이 게시된 사이트를 소셜네트워크서비스를 통
> 해 홍보하였다. 또한 연구자의 지인들이 설문사이트를 소셜네
> 트워크서비스에 링크하여 스마트폰을 사용하는 대학생들이
> 설문에 참여할 수 있도록 하였다.
>
> 출처: 최윤영, 서영석(2015), p. 754.

참여자를 모집하기 위해 연구자가 지인을 통해 지인이 근무하고 있거나 소개한 회사에 근무하는 직장인들에게 설문지를 직접 배포하였고, 거리 및 시간상 설문지를 전달하기 어려운 경우 온라인 설문 링크를 문자 또는 이메일로 전달하여 온라인으로 설문에 참여할 수 있게 하였다.

출처: 이정선, 서영석(2014), p. 1114.

······ 서울 지역 3개 유치원, 1개 초등학교, 2개 중학교, 그리고 경기도에서 각각 2개의 유치원과 초등학교에 설문지를 배부하였다. 연구자가 각 교육기관의 교사들에게 연구의 목적을 설명하였고, 교사들은 원생과 학생들을 통해 부모에게 설문지를 전달하고 회수하였다. 유치원의 경우 설문지의 사용 목적 및 실시방법에 관한 글을 가정통신문에 넣어 전달하였고, 초등학교와 중학교의 경우에는 이를 봉투 겉면에 붙여 학생 편에 전달하였다.

출처: 김시연, 서영석(2008), p. 1249.

(2) 연구 참여 과정

다음으로는 참여자들이 연구에 참여하면서 구체적으로 무엇을 했는지 설명한다. 예를 들어, 연구 참여 동의서를 작성하고, 설문에 응답하고, 작성한 설문을 제출하는 것 등을 포함한다. 다음에 제시된 사례들을 살펴보자.

참여자가 설문 사이트에 접속하면 문항에 답하기 앞서 연구 목적과 설문에 대한 동의 절차를 할 수 있도록 공지하였다.

출처: 최윤영, 서영석(2015), p. 754.

자율적으로 참여를 결정한 학생들을 대상으로 연구 참여 동의서에 서명을 받는 절차를 거쳤다.

출처: 이지원, 이기학(2014b), p. 73.

참여를 희망하는 사람들은 온라인 광고 하단에 있는 링크를 통해 온라인으로 설문에 참여하였고, 설문 시 자신과 파트너의 휴대폰 번호를 기입하게 하여 자료 코딩 시 커플임을 확인할 수 있게 하였다.

출처: 최바올 외(2013), p. 232.

또한 논문에서는 설문 실시 장소, 설문 문항 수, 설문 완성에 소요된 시간 등을 서술하고 있었다.

설문은 수업시간에 진행되었고, 검사에 소요된 시간은 약 15~20분이었다.

출처: 조화진, 서영석(2011), p. 477.

> 인구통계학적 질문을 제외한 설문의 총 문항 수는 172문항이
> 었고, 설문에는 약 20분 정도 소요되었다.
>
> 출처: 안하얀, 서영석(2010), p. 583.

(3) 보상 제공

논문에 따라서는 연구 참여자들에게 제공된 보상 또는 대가를
기술하기도 하는데, 경제적 보상이나 수업에서의 추가 점수 등이
보상으로 제공되었음을 기술한다. 다음의 사례들을 살펴보자.

> 내담자로 자원한 학생은 수업에서 여분의 점수를 받았고, 내
> 담자로 자원하지 않은 학생들의 경우에는 다른 연구과제를 통
> 해 동일한 점수를 획득할 수 있게 하였다.
>
> 출처: 서영석 외(2012), pp. 762-763.

> 커플이 함께 설문에 참여한 경우 5,000원 상당의 선물쿠폰을
> 휴대폰으로 전송하였다.
>
> 출처: 최바올 외(2013), p. 232.

(4) 응답의 질 점검 및 처리

몇몇 논문에서는 참여자들의 응답의 질을 확인하기 위해 타당
도 문항(validity item) 또는 질관리(quality-control)문항을 설문지에
포함시켰다. 일반적으로 설문지가 길수록, 즉 포함된 문항이 많

을수록 참여자가 무작위로 또는 성의 없게 응답할 가능성은 커진다. 이때 연구자는 원래 문항들과는 개념적으로 관련이 없는 문항을 설문에 포함시킨 다음, 특정한 반응을 하도록 요청한다(예: "이 문항에는 '동의하지 않음'에 표시하세요."). 연구자가 요구하는 것과 다르게 반응한 참여자의 설문지는 자료분석에서 제외시킨다. 다음의 사례를 살펴보자.

> 참여자들이 설문에 주의를 기울였는지 확인하기 위해, 몇 개의 질관리문항을 포함시켰다(예: "이 문항은 [동의하지 않는다]에 체크하시오."). …… 하나 이상의 질관리문항에 잘못 표기한 15명을 제외하였다.
>
> 출처: Dahling, Melloy, & Thompson (2013), p. 213.

비슷한 맥락에서, 여러 문항에 응답하지 않았거나 무작위로 또는 불성실하게 응답한 자료들이 얼마나 많은지, 그런 자료를 어떻게 처리했는지를 기술한다. 다음의 사례를 살펴보자.

> 이 중 다수의 문항을 빠뜨리고 응답하거나 인구통계학적 응답을 생략한 설문 및 무작위로 응답한 것으로 보이는 설문을 제외한 총 365부를 분석에 사용하였다.
>
> 출처: 김은석, 유성경 (2013), p. 901.

> (중략) 결측치가 모든 문항의 20%를 넘거나 불성실하게 응답한 53명의 설문을 제외하고 491명의 자료를 최종 자료분석에 사용했는데……
>
> 출처: 이정선, 서영석(2014), p. 1114.

(5) 결측값 처리

몇몇 논문에서는 결측값(missing data)이 얼마나 존재하는지, 결측값을 어떻게 처리했는지 등을 구체적으로 기술하고 있었다. 해외 논문들은 결측값의 양과 이에 대한 처리 기준 및 방법을 '방법' 또는 '결과' 부분에 기술하고 있는 반면, 국내 논문들은 주로 '방법'에 제시하고 있었다. 구체적인 사례들을 살펴보자.

> 하나 이상의 측정치에서 20% 이상의 결측값이 존재하는 8명의 설문지를 제외하였다. 이 외에도 결측치가 1개인 참여자는 5명, 2개는 3명, 3개는 2명이었다. 이 10명은 척도의 평균값으로 결측값을 대체하였다.
>
> 출처: Kim et al. (2014), p. 29.

> 결측치는 계열 평균값으로 대체하여 분석에 활용하였다.
>
> 출처: 고은영 외(2014), p. 719.

> 한편, 본 연구에서 결측치를 해당 변인의 평균값으로 대체한
> 후(참고문헌) 자료분석을 실시하였다.
>
> 출처: 최바올 외(2013), p. 235.

절차 요약

- **연구 홍보 및 참여자 모집** 누구를 대상으로 어떻게 연구를 홍보하고 참여자를 모집했는지 구체적으로 기술한다.
- **연구 참여 과정** 참여자가 연구에 참여하면서 구체적으로 무엇을 경험했는지 기술한다. 여기에는 사전동의서 작성, 설문 장소, 설문 문항 수, 소요 시간 등이 포함된다.
- **보상 제공** 연구 참여에 대한 보상이 제공되었다면 보상의 내용을 기술한다.
- **응답의 질 점검 및 처리** 참여자의 응답의 질을 관리하기 위해 취한 방법이 있다면 그 내용과 처리 방식을 기술한다.
- **결측값 처리** 결측값이 얼마나 존재하는지, 결측값은 어떻게 처리했는지를 설명한다.

4) 자료분석

대부분의 논문에서 자료분석과 관련된 내용은 '방법' 마지막에 기술하고 있었는데, '결과' 도입부에 기술하는 논문들도 있었다. 어떤 경우이든 '자료분석'에는 ① 연구자가 사용한 자료분석 방법

과 그것의 목적이 무엇인지 기술하고, 필요할 경우 ② 자료분석 방법의 특징, 장점 및 채택 이유 등을 기술한다. 또한 ③ 선행 연구를 통해 연구변인(특히 준거변인)과 관련이 있는 것으로 보고된 변인을 공변인(covariate)으로 설정하고 그 영향을 통제했다고 보고한 논문들도 있었다. 이제 각각에 대해 살펴보자.

(1) 자료분석 방법 및 사용 목적

연구 문제 또는 연구 가설과 관련된 자료분석 방법(예: 위계적 회귀분석, 구조방정식 모형 분석)을 간략히 기술한다. 이에 관한 구체적인 사례를 살펴보자.

(중략) 또한 과잉 남성성과 성적 공격성 간의 관계에서 공감, 강간 통념의 중재효과를 검증하기 위해 위계적 중다회귀분석을 실시하였다.

출처: 박경(2008), p. 525.

본 연구에서는 스트레스가 결혼만족에 미치는 영향을 배우자지지가 매개하는 과정에서 부부의 상호작용을 규명하고자 Kenny(1996)가 제안한 APIM(actor and partner interdependent model)을 사용하였다. 이때 구조방정식모형을 사용해서 모형의 적합도 및 직간접 경로에 대한 자기효과와 상대방효과를 검증하였다.

출처: 김시연, 서영석(2010), pp. 195-196.

논문에 따라서는 자료분석 시 사용한 통계 프로그램을 언급하기도 한다. 이에 대한 예시는 다음과 같다.

본 연구에서는 기초자료분석을 위해 SPSS 19.0을 사용하였고, 구성된 연구모형의 적합도를 평가하고 변수 간 관계에 대한 가설 검증을 위해 구조방정식 모형 방법을 채택하였으며, 사용한 척도에 대한 확인적 요인분석, 연구 모형 분석과 매개효과 검증에는 AMOS 18.0와 Mplus 6.11 프로그램을 사용하였다.

출처: 조윤진, 유성경(2012), p. 448.

마지막으로 불안정 성인애착이 심리적 고통을 통해 관계중독에 이르는 경로에 있어, 정서조절양식이 심리적 고통을 조절하는지 확인하기 위하여 Hayes(2013)가 제안한 SPSS Macro를 활용하여 조절된 매개효과를 분석하였다.

출처: 이지원, 이기학(2014b), p. 75.

연구모형의 적합도와 변인들의 매개효과를 검증하기 위해 MPlus 5.0을 사용했는데, 별도의 설정(예: 팬텀변인 설정) 없이 매개변인의 개별 간접효과뿐 아니라 이중매개효과를 검증하는 장점을 지니고 있다.

출처: 이은지, 서영석(2014), pp. 422-423.

(2) 자료분석 방법의 특징 및 채택 이유

많은 논문에서 자료분석 방법의 특징 및 채택 이유를 기술하고 있었다. 즉, 연구에서 사용한 분석 방법의 특징, 장점 및 적합성을 근거와 함께 구체적으로 기술해 줌으로써 분석 방법이 타당함을 강조하고 있는 것이다. 이에 관한 구체적인 사례를 살펴보자.

> 연구모형의 적합도와 변인들의 매개효과를 검증하기 위해 MPlus 5.0을 사용했는데, 별도의 설정(예: 팬텀변인 설정) 없이 매개변인의 개별 간접효과뿐 아니라 이중매개효과를 검증하는 장점을 지니고 있다.
>
> 출처: 이은지, 서영석(2014), pp. 422-423.

> 이때 Hair와 Black(2000)이 제안한 2단계 군집분석 절차를 활용했는데, Wards의 위계적 군집분석 방법과 비위계적 군집분석인 K-평균 분석을 연달아 실시하였다. 이 방법은 위계적 군집분석만을 사용할 때 발생되는 문제, 즉 대부분의 사례들로부터 많이 이탈된 사례들이 군집형성에 영향을 미칠 수 있는 문제를 최소화할 수 있다는 이점이 있다.
>
> 출처: 김민선, 서영석(2010), p. 421.

다음의 사례에서는 다중공선성(multicollinearity)의 문제가 우려되는 상황에서 예측변인과 조절변인의 원점수를 각각 평균중심화(mean centering)하여 상호작용 변인(예측변인 × 조절변인)을 생성했음을 밝히고 있다.

이때, 예측변인과 조절변인이 연속변인일 경우 원점수를 중심화(centering)하는 것이 다중공선성의 문제를 최소화할 수 있기 때문에(참고문헌), 예측변인과 조절변인을 중심화한 후 위계적 회귀분석을 실시하였다.

출처: 이은지, 서영석(2014), pp. 422-423.

다음의 사례들은 각각 구조방정식 모형(Structural Equation Modeling: SEM)을 사용해서 매개효과를 검증할 때 부트스트랩 절차, 문항꾸러미 제작, 팬텀변인 설정의 이점 또는 이유를 참고문헌과 함께 제시하고 있다.

부트스트랩 절차는 Shrout와 Bolger(2002)가 제안한 것으로, 모수의 분포를 알지 못할 때 모수의 경험적 분포를 생성하는 방법이며 근사 표준오차 및 신뢰구간, 유의확률을 구하는 유용한 방법이다. 본 연구에서는 1,000개의 표본을 원자료($N=417$)로부터 생성하여 신뢰구간 95%에서 간접효과의 유의도를 검증하였다.

출처: 고은영, 최바올, 이소연, 이은지, 서영석(2013), pp. 70-71.

　　본 연구에서는 Russell, Kahn, Spoth와 Altmaier(1998)의 제안에 따라 단일요인으로 구성된 성인애착 두 차원에 대해 각각 3개의 문항꾸러미를 제작하여 사용하였다. 각 척도의 모든 문항을 사용해서 잠재변인을 구인할 경우 추정할 모수가 많아져 다변량 정규분포 가정을 위반할 가능성이 높아지고, 전체 문항의 합 또는 평균으로 잠재변인을 구인할 경우 잠재변수의 값이 왜곡될 가능성이 높아진다. 따라서 추정 모수의 수를 줄이면서 동시에 잠재변인의 추정이 왜곡될 가능성을 줄이기 위한 방법으로 Russell 등(1998)이 제안한 항목 묶기 방법을 채택하였다.

출처: 이은지, 서영석(2014), p. 422.

　　AMOS에서는 다중 매개효과 검증 시 개별 간접효과에 대한 추정치를 제공해 주지 않기 때문에, 본 연구에서는 팬텀변인(phantom variable)을 설정한 후 부트스트랩 절차를 통해 변인들의 개별 간접효과를 확인하였다(참고문헌). 팬텀변인을 설정한 뒤 부트스트랩 절차를 적용하면, AMOS에서 곱의 형태로 된 간접효과를 하나의 단일계수로 표현해 내 개별 간접효과의 크기를 추정할 수가 있다.

출처: 최바올 외(2013), p. 235.

(3) 제3의 변인 영향 통제

　　앞서 기술한 것처럼, 연구자가 관심을 갖고 있는 연구변인 이외에도 종속변인(또는 준거변인)에 영향을 미치는 제3의(가외) 변인들이 존재할 수 있다. 따라서 연구자는 가외변인의 영향을 통제할 필요가 있는데, 관련 이론 및 선행 연구, (상관분석 등을 통한)

본 연구에서의 관련성을 토대로 공변인(covariate)을 설정해서 그 영향을 통제한다. 다음의 사례에서는 선행 연구를 토대로 특정 변인을 공변인으로 채택했음을 명시적으로 밝히고 있다.

> 우울, 성별, 미국 체류기간을 공변인으로 설정하였는데, 선행 연구에서 '가정 내 차이' '차별'과 상관이 유의하였다.
>
> 출처: Wang, Wong, & Fu (2013), p. 371.

다음의 사례에서는 자료를 수집한 다음 변인 간 관련성(경우에 따라서는 변인에서의 차이)을 확인해서 연구변인과 관련이 있는(또는 연구변인에서 차이를 보인) 변인(주로 인구통계학적 변인)을 공변인으로 설정할 계획임을 밝히고 있다.

> 또한 공변인(covariate)으로 설정해서 그 영향력을 통제해야 할 변인이 존재하는지를 확인하기 위해, 인구통계학적 변인과 연구변인 간 상관계수를 살펴보았다.
>
> 출처: 고은영, 서영석(2012), p. 406.

다음의 사례들은 기존 연구자들의 주장과 본 연구에서의 상관분석을 토대로 BMI(체질량지수)와 연령을 공변인으로 설정한 것을 보여 주고 있다.

또한 체질량지수(BMI)와 연령이 연구 결과에 영향을 미칠 수 있다는 의견에 따라(참고문헌), 관측변수와의 상관을 구한 결과 BMI와 신체감시($r = .21$, $p < .01$) 연령과 내면화($r = .41$, $p < .001$)가 상관이 있는 것으로 나타났다. 따라서 본 연구에서는 BMI와 연령을 공변인으로 채택하여 그 영향을 통제하였다.

출처: 백근영, 서영석(2011), p. 562.

한편, BMI지수가 연구 결과에 영향을 미칠 수 있다는 의견에 따라(참고문헌), BMI와 관측변인 간 상관을 확인한 결과, 내면화($r = .24$, $p < .001$), 신체수치심($r = .33$, $p < .001$), 섭식장애 증상($r = .35$, $p < .001$)과의 상관이 유의한 것으로 나타났다. 따라서 BMI를 공변인으로 채택하여, 유의한 상관을 보인 변인들에 대해 직접경로를 설정하고 그 영향을 통제하였다.

출처: 김시연, 백근영, 서영석(2010), p. 621.

자료분석 요약

자료분석은 방법의 마지막 부분 또는 결과 도입부에 제시한다.

- **자료분석 방법 및 사용 목적** 자료를 분석하기 위해 사용한 방법을 목적과 함께 구체적으로 기술한다.
- **자료분석 방법의 특징 및 채택 이유** 자료분석 방법의 특징, 이점, 채택 이유를 기술한다.

■ **제3의 변인 영향 통제** 관련 이론이나 선행 연구를 통해 주요 연구변인과 관련이 있는 것으로 나타난 변인, 본 연구에서 주요 변인과 상관이 유의한 것으로 나타난 인구통계학적 변인을 공변인으로 설정하여 그 영향을 통제한다.

5) 기타: 실험 설계, 검정력 분석

실험을 진행한 연구에서는 '방법' 앞부분에 연구자가 조작한 독립변인이 무엇이고 각각의 독립변인은 몇 개의 수준(또는 조건)으로 구성되어 있는지 등을 기술한다. 다음의 사례를 살펴보자.

> 본 연구는 2 × 2 × 2 요인설계로, **독립변인은** 내담자 아시아문화가치수용도(낮음, 높음), 상담자 문화가치표현(아시아문화가치 대 미국문화가치), 상담자인종(아시아계, 유럽계)이다.
>
> 출처: Kim & Atkinson (2002), p. 5.

한편, 검정력 분석을 실시한 논문들이 있는데, 이를 통해 연구에 필요한 사례 수를 예상해 볼 수 있다. 이때 연구자는 선행 연구나 이론적 주장을 토대로 예상되는 연구변인들의 효과크기(작음, 중간, 큼)를 확인하고, 이러한 효과크기를 얻기 위한 사례 수를 예상해 볼 수 있다. 검정력 분석을 실시한 사례를 살펴보자.

우선, 적절한 효과크기를 감지할 수 있는 표본의 수를 확인하기 위해 사전 검정력 분석(priori power analysis)을 실시하였다. …… 본 연구에서는 G-power 프로그램(참고문헌)을 사용하여 일정한 효과크기를 감지할 수 있는 표본 크기를 추정하였다. 선행 연구들을 통해 스트레스와 가족경계혼란이 재혼가정 청소년의 가족생활에 의미 있는 영향을 미치는 것으로 나타났지만, 이 두 변인의 상호작용효과를 실증적으로 검증한 경우는 없다. 따라서 본 연구에서는 작은 효과크기와 중간 정도의 효과크기를 감지할 수 있는 표본의 수를 추정하였다. 예측변수가 3개인 회귀분석에서, 통계적 검증력을 .80으로 유지하면서 작은 효과크기(.02)와 중간 정도의 효과크기(.15)를 감지하는 데 필요한 사례 수는 77명부터 550명까지 분포하였다.

출처: 고은영, 서영석(2012), p. 406.

3. 방법 이렇게 쓰면 좋아요!

'방법' 부분에서는 ① 시제, ② 구두점, ③ 기울이거나(italic) 진하게(bold) 표시하기 등에 유의해야 한다. 다음에서 하나씩 살펴보도록 하자.

1) 시제

'방법'에서는 이미 진행된 연구의 방법 및 절차를 설명하기 때문에 대부분의 문장을 과거형으로 서술한다(예: "250명의 대학생들이 연구에 참여하였다."). 척도와 관련된 사실(예: 전체 문항의 수)을 설명할 때에는 현재형으로 서술하지만, 선행 연구에서 보고된 척도의 신뢰도와 타당도는 과거형으로 서술한다. 이에 관한 사례들을 살펴보자.

> 상담의도는 참여자가 특정 문제를 경험하고 있다고 가정하고 각각의 문제에 대해 전문적 도움추구(상담서비스 이용)를 할 것인가, 즉 얼마나 상담을 받으러 올 것 같은지를 평정하게 되어 있다.
>
> 출처: 최보영 외(2011), p. 219.

> 대학생을 대상으로 한 (참고문헌)의 연구에서 6개의 하위 척도의 Cronbach's α는 .79~.86이었고, 본 연구에서 Cronbach's α는 주체성 .81, 자기수용성 .83, 미래확신성 .92, 목표지향성 .82, 주도성 .86, 친밀성 .87로서 양호한 것으로 나타났다.
>
> 출처: 김은석, 유성경(2013), p. 902.

2) 구두점

방법에서는 특히 도구/검사 부분에서 구두점 사용이 두드러진다. 예를 들어, 예시 문항은 큰따옴표(" ") 안에 제시하고, 세미콜론(;)은 복수의 참고문헌을 제시할 때 구분하는 목적으로 사용한다. 이에 관한 구체적인 사례를 살펴보자.

> 문항의 예로는 "정서적 문제 혹은 대인관계 문제를 위해 상담
> (심리치료)을 받는 것은 사회적 낙인을 가져온다."가 있다.
>
> 출처: 최보영 외(2011), p. 221.

사용한 척도를 소개할 때에도 구두점 사용이 특징적으로 나타
난다. 가령, 척도의 한글 이름을 제시한 후 괄호 안에 척도의 원문
명칭을 적고 약자를 콜론(:) 이후에 제시한다. 다음의 사례를 살펴
보자.

> 신체감시를 측정하기 위해 Lindberg 등(2006)이 개발한 대상
> 화된 신체의식 척도(The Objectified Body Consciousness Scales
> for Youth: OBC-Y)를……
>
> 출처: 김시연, 서영석(2012), p. 935.

> Seligman(2002)의 행복한 삶 모델에 입각한 치료 효과를 측
> 정할 수 있는 도구인 긍정심리치료척도(Positive Psychotherapy
> Inventory: PPTI)를 개발하였다.
>
> 출처: 윤성민, 신희천(2013), p. 285.

3) 기울이거나 진하게 표시하기

'기울이거나(*italic*)' '진하게(**bold**)' 표시한 부분은 다른 글과 구분되기 때문에 눈에 쉽게 띈다. 평균(*M*), 표준편차(*SD*), 참여자 수(*N*, *n*) 등의 통계 관련 용어는 기울여서 표시하고, 소제목이나 척도 이름은 진하게 표시한다. 구체적인 사례들을 살펴보자.

> 상담효과에 대한 기대
> 상담효과를 측정하기 위해서는…….
>
> 출처: 최보영 외(2011), p. 220.

> 특히 BFAS는 페이스북 사용태도 척도($r=.58, p<.01$)나 온라인 사회성 척도 점수($r=.37, p<.01$)보다 중독 경향성 척도($r=.69, p<.01$)와 높은 상관을 나타냈다.
>
> 출처: 고은영 외(2014), p. 719.

방법 이렇게 쓰면 좋아요! 요약

■ 방법 부분에서는 이미 진행된 연구의 방법 및 절차를 설명하기 때문에 대부분의 내용을 과거형으로 서술한다.

■ 척도와 관련된 사실(예: 전체 문항의 수)을 설명할 때에는 현재형으로 서술하는 반면, 선행 연구에서 보고된 척도의 신뢰도와 타당도는 과거형으로 서술한다.

■ 구두점에 대한 규칙들은 『미국심리학회 출판 매뉴얼 (American Psychological Association Publication Manual, 6th Ed.)』을 참고한다.

■ 평균(M), 표준편차(SD), 참여자 수(N, n)와 같은 통계 용어의 약자는 기울여서 표시한다.

■ 소제목이나 척도 이름을 제시할 때에는 진하게 표시한다.

4. 3개 논문의 방법 한눈에 보기

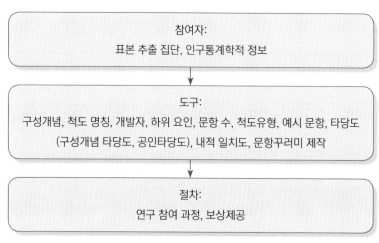

[그림 2-2] 방법의 구조 및 내용 예시 1

출처: Wei, Vogel, Ku, & Zakalik (2005).

검정력 분석

참여자:

내담자(표본 추출 집단, 인구통계학적 특성),

상담자(표본 추출 집단, 인구통계학적 특성),

회기 관찰자(인구통계학적 특성, 역할 기술)

도구/검사:

구성개념, 척도 명칭, 개발자, 하위 요인, 문항 수, 척도유형, 예시 문항,

내적 일치도, 타당도(구성개념 타당도, 공인타당도)

절차:

연구 홍보 및 내담자 모집, 보상제공, 상담자 훈련 과정 기술,

내담자 연구 참여 과정, 상담자 할당, 독립변인의 수준

(상담자 저개방 vs. 고개방), 상담회기 자료 수집, 조작 점검 및 처리

자료분석:

자료분석 방법, 자료분석의 양호도(kappa), 제외된 자료 수 및 이유

[그림 2-3] 방법의 구조 및 내용 예시 2

출처: Kim et al. (2003).

> **연구 대상 및 자료 수집:**
> 인구통계학적 정보, 연구 홍보 및 참여자 모집, 연구 참여 과정, 보상제공

> **도구/검사:**
> 구성개념, 척도 명칭, 개발자, 하위 요인, 문항 수, 척도유형, 예시 문항, 번역/역번역 과정, 타당도(구성개념 타당도, 공인타당도), 내적 일치도

> **자료분석:**
> 검정력 분석, 제3의 변인 영향 통제, 자료분석 과정 및 내용

[그림 2-4] 방법의 구조 및 내용 예시 3

출처: 고은영, 서영석(2012).

CHAPTER

3

결과
- 연구자의
  망원경으로
  세상의 단면
  들여다보기

1. 결과 한눈에 보기

예비 분석	• 변인에 대한 기술통계, 제3의 변인 통제, 정상분포 확인, 다중공선성 문제 확인, 조작 점검

주요 분석 **(매개효과)**	• 측정모형 검증 • 구조모형 및 직접효과 검증 • 간접효과(매개효과) 검증 • 가설 기각 여부 기술

주요 분석 **(조절효과)**	• 사전 준비 작업 기술 • 조절효과 검증 절차 기술 • 조절효과 검증 결과 제시 • 가설 기각 여부 기술

주요 분석 **(실험연구)**	• 변인 소개 및 분석 절차 설명 • 분석 결과 기술 • 가설 기각 여부 기술

추가 분석	• 연구 결과가 가설과 다르게 나타났거나 결과에 대한 추가적인 설명이 필요한 경우

[그림 3-1] 결과의 전체 구조 및 내용

2. 결과 자세히 들여다보기

결과(results)에서는 자료를 분석한 내용을 보고하는데, [그림 3-1]처럼 몇 단계로 구분해서 기술한다. 우선, 대부분의 논문에서는 예비 분석과 주요 분석을 포함하고 있는데, 필요에 따라 추가 분석을 실시하여 결과를 보고한다.

예비 분석(preliminary analysis)은 '기술통계 분석' 또는 '사전 분석'이라는 용어로도 불리는데, 주요 분석을 실시하기 앞서 자료가 적절히 수집되었는지, 원자료가 주요 분석을 수행하기에 적합한지를 확인하는 과정이라고 볼 수 있다. 예비 분석에서 통계 검증을 위한 기본 가정(예: 자료의 정상성)이 위배된 것으로 나타날 경우 어떤 조치(예: 자료 변환)를 취했는지를 보고하는 것이 좋다.

결과 부분에서 가장 중심이 되는 것은 주요 분석(main analysis)이다. 주요 분석에서는 연구 문제에 답을 하고 가설의 기각 여부를 판단할 수 있는 분석 결과를 보고한다. 이 책에서는 최근 들어 많이 사용하고 있는 매개/조절효과 검증뿐 아니라 전통적인 실험 연구에서는 어떤 순서와 내용으로 주요 분석 결과를 보고하고 있는지 사례를 통해 구체적으로 살펴보고자 한다.

추가 분석(additional analysis)은 연구 문제나 연구 가설에 대한 답을 제공하기 위한 분석은 아니다. 그러나 주요 분석 결과를 보완해서 설명할 필요가 있거나, 연구와 관련해서 쟁점이 되는 사안이 존재하고 이를 확인할 필요가 있을 때 추가로 자료분석을 실시해서 그 결과를 보고한다. 단계별로 어떤 내용을 기술하는지 다음에서 구체적으로 살펴보자.

1) 예비 분석

주요 분석 결과를 제시하기 전에, **예비 분석** 또는 **기술통계 분석**이라는 소제목을 달거나 또는 소제목을 달지 않은 채 '결과'의 앞부분에 분석한 내용을 기술한다. 예비 분석에서는 자료가 적절하게 수집되었는지, 주요 분석을 수행하기에 적합한 자료인지, 주요 연구변인 이외에 통제해야 할 변인이 존재하는지, 연구자가 의도한 대로 실험 조작 또는 처치가 이루어졌는지를 보고한다. 저자들이 검토한 논문에서는 ① 변인에 대한 기술통계, ② 제3의 변인 통제, ③ 정상분포 확인, ④ 다중공선성 문제 확인, ⑤ 조작 점검 등을 보고하고 있었다.

(1) 변인에 대한 기술통계

일반적으로 논문에서는 예비 분석 결과로 측정변인에 대한 기술통계(descriptive statistics)를 보고하는데, 변인의 평균(M), 표준편차(SD), 범위(range), 신뢰도(reliability), 변인 간 상관(correlation) 등 기본적인 정보를 본문과 표에 제시한다.

예비 분석한 결과는 본문에 간략히 제시하고, 자세한 내용은 표로 제시한다. 이때 표에 제시된 내용을 일일이 본문에 보고하지 않는 것이 바람직한데, 그 이유는 예비 분석한 결과를 효율적으로 보고하기 위해 표를 제작한 원래의 의미를 무색하게 만들기 때문이다. 우선 본문에 기술된 예비 분석 결과부터 살펴보도록 하자.

> **예비 분석**
>
> 변인 간 상관과 각 변인의 평균 및 표준편차를 표 2에 제시하였다. 직무소진은 일의 의미, 편안함, 도전, 승진, 역할명료성, 업무량, 직무만족과 유의미한 부적 상관이 있는 것으로 나타났다.
>
> 출처: 이정선, 서영석(2014), p. 1116.

다음의 사례에서는 '기술통계'라는 용어를 사용하고 있고, 기술통계 관련 정보를 표에 제시했음을 언급하고 있다. 그런 다음 분석의 주요 내용을 본문에 간략히 보고하고 있다.

> **기술통계**
>
> 표 1에 각 변수 간의 상관, 평균값, 표준편차를 제시하였다. 각 변수들은 누락 문항 없이 사용되었으며, 성역할갈등은 37~222점, 사회적 낙인은 5~20점, 자기 낙인은 10~40점, 상담에 대한 태도는 10~40점, 상담 의도는 17~68점 범위에서 분포한다. 사회적 낙인 및 자기 낙인 두 변수와 상담 의도 간의 관계를 제외하고 각 변수 간 유의미한 상관이 있었다($p < .05$).
>
> 출처: 박준호, 서영석(2009), p. 32.

기술통계 정보를 어떤 방식으로 표에 제시하는지 구체적인 사례와 함께 살펴보자. 〈표 3-1〉에서 볼 수 있듯이, 표의 왼쪽 열에는 척도(변인)에 번호를 매겨 명칭을 기술하고 표의 오른쪽 열에는 평균, 표준편차, 점수의 범위, 척도 간 상관 등을 보고한다. 변인의 명칭이 길면 표 안에는 약어(abbreviation)로 제시하고 표 하단에 완전한 명칭을 기술한다. 동일 척도 간 상관을 '1'로 표기하지 않고 '−'로 표기하는 것에 유의해야 한다.

⟨표 3-1⟩ 기술통계 표 예시

표 1. 평균, 표준편차, 범위 및 변인 간 상관

	변인	M	SD	범위	1	2	3	4
1.	자기자비	3.02	0.61	1~5	−			
2.	근육비판	2.47	0.29	0~4	−.06	−		
3.	몰두	2.62	0.59	1~7	−.03	.62***	−	
4.	자기 낙인	2.72	0.68	1~6	−.24**	.38**	.10*	−

주. $N=455$. 근육비판=근육에 대한 또래들의 비판; 몰두=음식에 대한 몰두.
* $p<.05$, ** $p<.01$, *** $p<.001$.

⟨표 3-2⟩에서는 다른 방식으로 기술통계 수치를 보고하고 있다. 이 연구는 성역할 갈등과 관련된 변인 간 구조적 관련성을 검증한 가상의 사례인데, 남자 대학생 집단과 중년 남성 집단에서 구조모형이 자료에 적합하고 구조계수에 차이가 있는지를 검증하고 있다. 주석에도 기술되어 있는 것처럼, 표 안에 진하게 표시된 수치들은 전체 문항에 대한 해당 척도의 신뢰도(Cronbach's alpha)를 의미하고, 진하게 표시된 수치를 기준으로 오른쪽 상단에 제시된 수치들은 중년 남성 집단에서의 변인 간 상관계수를,

왼쪽 하단에 제시된 수치들은 남자 대학생 집단에서의 변인 간 상관계수를 의미한다. 또한 표의 아래 공간을 활용해서 각 변인의 평균, 표준편차, 점수의 범위를 제시하고 있다.

〈표 3-2〉 효과적인 기술통계 표 예시

표 2. 집단(남자 대학생, 중년 남성)에 따른 평균, 표준편차, 범위 및 변인 간 상관

변인	1	2	3	4
1. 성역할갈등	**.87**	.53**	.67***	−.32**
2. 사회적 낙인	.46**	**.83**	.64**	−.45**
3. 체면손상	.55**	.57**	**.78**	−.40**
4. 상담태도	−.19*	−.35**	−.22*	**.90**
평균(표준편차)				
남자 대학생	7.73(2.34)	8.83(1.23)	2.24(1.22)	35.24(7.25)
중년 남성	8.98(2.13)	9.98(1.12)	3.43(0.98)	27.34(8.90)

주. $N=555$. 상관행렬에서 왼쪽 하단에 표시된 수치들은 남자 대학생 집단의 척도 간 상관계수를 나타내고, 오른쪽 상단에 표시된 수치들은 중년 남성 집단에서의 척도 간 상관계수를 나타낸다. 진하게 표시된 수치들은 전체 집단에서의 내적 일치도를 의미한다.
$^* p<.05, ^{**} p<.01, ^{***} p<.001.$

한편, 예비 분석에서 나타난 기술통계치(상관, 평균 및 표준편차)를 선행 연구와 비교하는 논문도 있었다. 이는 연구에 참여한 사람들이 선행 연구에 참여한 사람들과 크게 다르지 않음을 보여 주려는 의도로 이해된다. 이에 해당되는 사례를 살펴보자.

변인들의 상관을 표 2에 제시하였다. …… 남성 성역할갈등
과 우울의 상관이 유의하였는데, 선행 연구(참고문헌)와 일치
한다.

출처: Breiding (2004), p. 432.

섭식장애 변인들의 평균과 표준편차는 Moradi 등(2005)이 보
고한 내면화($M=3.27$, $SD=0.91$)와 신체감시($M=4.81$, $SD=1.03$), Augustus-Horvath와 Tylka(2009)가 보고한 신체수치심
($M=3.60$, $SD=1.32$), 섭식장애증상($M=2.47$, $SD=0.75$)과
유사하고…….

출처: Kim, Seo, & Baek (2014), p. 31.

(2) 제3의 변인 통제

예비 분석 시 상관계수나 차이검증을 통해 제3의 변인이 연구
변인(특히 준거변인)에 영향을 미치는지를 확인하고, 유의하게 관
련이 있는 변인에 대해서는 주요 분석에서 공변인(covariate)으로
통제하는 경우가 있다(예: 인구통계학적 변인인 성별이 준거변인과
유의한 상관을 보일 경우 주요 분석에서 성별을 공변인으로 채택하여
그 영향을 통제함). 예를 들어, Riggs, Cusimano와 Benson(2011)
의 연구에서는 예비 분석을 통해 인구통계학적 변인인 성별, 민족
(인종), 원가족의 경제 수준이 준거변인(부부 적응)과 상관이 있는
지를 확인하였고, 그 결과에 따라 공변인 설정 여부를 본문에 기
술하고 있었다. 예비 분석에서 주요 연구변인과 관련이 있는 것

으로 나타난 인구통계학적 변인을 공변인으로 설정하여 그 영향을 통제한 사례들을 살펴보면 다음과 같다.

> 한편, 나이, 성별, 학력, 혼인여부, 근속기간, 직급, 소득, 종교, 고용형태, 기업규모 등 인구통계학적 변인들이 주요 연구변인들과 유의미한 상관이 있는 것으로 나타나, 이들 변인들을 중재효과 분석 시 공변인으로 채택하여 그 영향력을 통제하였다.
>
> 출처: 이정선, 서영석(2014), p. 1118.

(3) 정상분포 확인

많은 논문에서는 예비 분석을 통해 자료가 **정상분포***를 이루는지 확인하고 있었다. 자료의 정상성(normality)을 확인하기 위해 **왜도***와 **첨도***를 살펴보거나 특정 통계 검증을 실시하는 경우도 있었다. 자료의 정상성을 가정할 수 없을 때에는 극단치(outlier)를 제외하거나, 자료를 변환한 후 주요 분석을 진행하거나, 비정상성을 가정한 자료분석 방법을 사용하였다. 각각에 해당하는 사례들을 살펴보자.

- 정상분포: 정규분포(normal distribution)라고도 불린다. 정상분포에서는 평균치가 최빈치 및 중앙치와 일치하고, 좌우대칭이며, 종을 엎어 놓은 모양이다(한국교육심리학회, 2000).
- 왜도: 자료 분포의 좌우대칭 정도를 의미하는데, 단봉분포에서 긴 꼬리가 왼쪽에 있으면 음의 왜도, 그 반대의 경우 양의

왜도를 가진다(성태제, 2014). 왜도의 절댓값이 클수록 분포의 비대칭 정도가 큰 것을 의미하는데, 절댓값이 2(West, Finch, & Curran, 1995) 또는 3(Kline, 2010) 이하일 경우 정상성 가정이 충족된 것으로 판단한다.

• **첨도**: 자료 분포의 뾰족한 정도를 의미하는데, 양의 값을 가지면 정상분포보다 더 뾰족한 모양이 된다(성태제, 2014). 절댓값이 8(West et al., 1995) 또는 10(Kline, 2010) 이하일 경우 정상성 가정이 충족된 것으로 판단한다.

Dunn과 O'Brien(2013)의 연구에서는 자료의 정상성을 확인한 다음, 극단치를 제거하고 나머지 자료를 가지고 주요 분석을 실시하였다.

자료의 다변량정상성을 검토하였다. Z점수가 3.29보다 크면 극단치로 간주하여 삭제하였는데, 왜도와 첨도를 고려했을 때 모든 변인들이 정상분포 가정을 충족하였다.

출처: Dunn & O'Brien (2013), p. 637.

국내 논문에서도 왜도 및 첨도를 통해 자료의 정상분포 가정 충족 여부를 확인하였는데, 본문에 그 결과를 기술하고 있다.

> 모수치 추정방법으로 최대우도법을 사용하였는데, 이 방법은 측정변인들의 다변량 정규분포 가정이 충족되어야 하기 때문에(참고문헌) 각 측정변인들의 왜도와 첨도를 확인하였다. 그 결과, 모든 변인들의 왜도가 ±2, 첨도가 ±8을 넘지 않았기 때문에 측정치들이 다변량 정규분포 가정을 충족시켰다고 할 수 있다(참고문헌).
>
> 출처: 김지윤, 이동귀(2013), p. 70.

다음의 사례에서는 비정상분포를 보인 변인들을 척도 변환시킨 후 자료분석을 실시했음을 보고하고 있다. 즉, 정상분포 가정을 충족시키지 못한 변인에 대해서는 제곱근 변환을 실시한 후 자료분석을 진행하였다.

> 분석 결과, 직무만족과 직무스트레스, 분노억제, 분노표출, 분노조절의 측정변인들은 왜도가 ±2, 첨도가 ±7을 넘지 않아서 다변량 정규분포 가정을 충족시켰다고 할 수 있지만(참고문헌), 우울(왜도 범위: 2.74~3.15, 첨도 범위: 9.67~13.57), 무망감(왜도 범위: 3.83~3.95, 첨도 범위: 16.68~18.65), 자살생각(왜도 범위: 1.37~2.75, 첨도 범위: 3.75~9.19)의 측정변인들은 정규분포 가정을 충족하지 않았기 때문에 모두 제곱근 변환(square root transformation; Baker, 1934)을 실시하여서 대부분의 변인들이 정규분포 가정을 충족하도록 하였다.
>
> 출처: 박승일, 이동귀(2014), p. 556.

다음의 사례는 자료의 정상성을 가정할 수 없을 때 특정 통계절차에 따라 모형 검증을 실시한 것을 보여 주고 있다.

> 합성변인들에 대해 Kolmogorov-Smirnov 일변량 정상성 검증을 실시한 결과, 모든 연속변인들이 가정을 위반한 것으로 나타나($ps < .01$), 다변량 정상성을 위반하였다. 이에 비정상성에 강한 조정된 카이제곱을 활용하는 최대우도법을 사용해서 모형을 추정하였다.
>
> 출처: Heath, Brenner, Vogel, Lannin, & Strass (2017), p. 97.

(4) 다중공선성 문제 확인

다중공선성(multicollinearity)이란 중다회귀분석 등 모수추정을 위해 최소자승화 기준을 사용하는 다변량분석에서 독립변인들 사이에 높은 상관관계가 존재하는 상황을 의미한다(박광배, 2003). 다중공선성 문제가 존재할 경우 한두 사례가 첨가되거나 누락되어도 추정된 계수의 크기가 큰 폭으로 달라지거나 계수의 부호가 바뀔 수 있다. 즉, 자료분석이 불안정해져서 분석 결과를 신뢰하기가 어렵게 된다. 따라서 여러 개의 예측변수로 준거변수를 설명할 때에는 다중공선성의 문제가 우려되는지 확인하고, 필요한 조치를 취해야 한다. 일반적으로 다중공선성 여부를 확인하기 위해서는 예측변수들의 분산팽창지수(Variation Inflation Factor: VIF)를 확인하는데, Myers(1990)는 VIF 수치가 10보다 클 때 다중공선성을 의심해야 한다고 제안하였다. 예비 분석에서 다중공선성의 문제를 확인하고 VIF를 보고한 사례들을 살펴보자.

> 변인들의 Tolerance 값이 .58~1로 .1보다 확연히 크고, VIF 값이 1~1.73으로 10보다 현저히 작았으므로 다중공선성 (multicollinearity)의 문제가 없는 것으로 확인되었다.
>
> 출처: 김은석, 유성경(2013), p. 904.

> 또한 서로 다른 잠재변인을 구인하는 측정변인 간 상관이 상대적으로 낮고, 측정변인의 합을 토대로 분산팽창지수(VIF)를 확인한 결과, 그 값이 1.5~2.3 사이에 분포하여 다중공선성의 문제가 없는 것으로 판단하였다.
>
> 출처: 안하얀, 서영석(2010), p. 588.

> 한편, 변인 간 상관이 .12~.87까지 다소 높게 나타나 다중공선성의 문제가 우려되었다. 이에 대인관계문제와 심리적 디스트레스를 준거변인으로 각각 설정하고 예측변인들의 VIF 지수를 확인해 본 결과, 1.38에서 1.8까지 분포하여 다중공선성이 우려할 만한 수준이 아닌 것으로 판단하고 이후 분석을 진행하였다.
>
> 출처: 이은지, 서영석(2014), p. 423.

(5) 조작 점검

조작 점검(manipulation check)은 주로 실험 설계(experimental design)를 적용한 논문에서 **예비 분석**의 한 꼭지로 등장한다. 조작 점검을 실시하는 목적은 '연구자가 계획하고 의도한 대로 연구가 진행되고 처치가 이루어졌는지를 확인'하는 것이다. 따라서 연구의 타당도를 확보하기 위해 매우 중요한 절차라고 할 수 있다. 예를 들어, 실험에 참가한 상담자가 원래 훈련받은 것처럼 인지치료를 순서에 따라 적용했는지, 제작한 모의 상담대본이 연구자가 의도했던 것처럼 '비지시적' 상담기법을 구현하고 있는지 등을 확인한다.

　다음의 사례에서는 실험에 참여한 상담자와 내담자로부터 처치 조건(상담자가 자기개방을 많이 했는지 또는 적게 했는지)이 잘 지켜졌는지를 확인하였다. 이때, 각 처치 조건에 속한 사람들이 보고한 상담자의 자기개방 점수의 평균 및 표준편차를 제시하였다. 이뿐 아니라, 처치 조건에 따라 상담자의 자기개방 점수가 차이가 있는지를 확인하기 위해 t-검정을 실시하였고, 효과크기(d) 또한 보고하였다.

> 　자기개방 고집단 상담자들은 저집단 상담자들보다 자기개방을 더 많이 했다고 보고하였다, $t(60)=18.46$, $p=.000$, $d=5.69$. 고집단 내담자들 역시 저집단 내담자들에 비해 상담자가 더 많이 개방했다고 보고하였다, $t(53)=11.06$, $p=.000$, $d=2.87$. ······ 이는 상담자의 자기개방에 관한 실험조작이 적절했음을 의미한다.
>
> 　　　　　　　　　　　　　　　　출처: Kim et al. (2003), pp. 328-329.

예비 분석 요약

예비 분석에서는 연구의 주요 결과를 보고하기 전에, 자료가 적절하게 수집되었는지, 주요 분석을 수행하기에 적합한 자료인지, 연구변인 이외에 통제해야 할 변인이 존재하는지, 연구자가 의도한 대로 실험 조작 또는 처치가 이루어졌는지를 보고한다.

■ **변인에 대한 기술통계** 각 변인의 평균 및 표준편차, 범위, 신뢰도, 변인 간 상관 등 기술적인(descriptive) 통계치를 본문과 표에 보고한다.

■ **제3의 변인 통제** 연구변인과 유의미한 상관을 보이거나 연구변인에 차이를 초래하는 제3의 변인이 있는지를 확인한 후, 연구변인과 관련이 있을 경우 주요 분석에서 공변인으로 설정하여 그 영향을 통제한다.

■ **정상분포 확인** 예비 분석에서는 수집한 자료가 정규분포 가정을 충족하는지를 확인하는데, 보통 왜도와 첨도를 사용해서 확인한다. 만약 정상성 가정을 충족시키지 못할 경우 극단치를 제거하거나, 원점수를 척도 변환해서 사용하거나, 비정상성을 가정한 자료분석 방법을 사용한다.

■ **다중공선성 문제 확인** 예측변인들의 VIF가 10보다 큰지 확인한다.

■ **조작 점검** 가외변인의 영향력을 축소시키고 연구의 내적 타당도를 향상시키기 위해서는, 연구자가 계획하고 의도한 대로 연구가 진행되고 처치가 이루어졌는지를 확인하는 것이 중요하다. 이러한 확인 작업은 복수의 참여

자(내담자, 상담자, 수퍼바이저)를 대상으로 이루어지는
것이 좋다.

2) 주요 분석

예비 분석 결과를 기술한 다음에는 주요 분석 결과를 기술한다.
주요 분석은 결과에서 가장 중심이 되는 부분으로서, 연구 문제에
답을 하고, 모형이 적합한지 확인하며, 연구 가설을 기각 또는 채
택할 것인지 판단한다.

연구 설계에 따라 주요 분석의 구성 내용이 다른데, 이 책에서
는 상담을 포함한 사회과학 분야에서 많이 연구되고 있는 ① 매
개효과 검증, ② 조절효과 검증뿐 아니라 ③ 실험연구에서의 주요
분석 내용을 사례와 함께 제시하고자 한다.

(1) 매개효과 검증

매개효과(mediation effect)란 독립변인(또는 예측변인)의 효과
가 제3의 변인(매개변인)을 통해 종속변인(또는 준거변인)에 영향
을 미치는 것을 말한다. 예측변인이 '어떻게' 또는 '왜' 준거변인을
예측 또는 관련이 있는지가 궁금할 때, 매개변인은 바로 그 '어떻
게'와 '왜'에 해당된다(서영석, 2010). 일반적으로, 매개효과 검증을
위해 위계적 회귀분석 또는 구조방정식 모형(Structural Equation
Modeling: SEM)을 사용하는데, 이 책에서는 구조방정식 모형을 적

용한 사례들을 제시하고자 한다.

구조방정식 모형을 사용해서 매개효과를 검증할 경우 ① 측정모형 검증, ② 구조모형 및 직접효과 검증, ③ 매개효과(또는 간접효과) 검증, ④ 가설 기각 여부 순으로 그 내용을 기술한다. 우선 측정모형(measurement model) 검증은 연구에서 사용한 **측정변인**들이 해당 **잠재변인**을 적절히 구인하는지를 확인하는 것을 의미하는데, 보통 이를 위해 확인적 요인분석(confirmatory factor analysis)을 실시한다. 측정모형이 자료에 적합한 것으로 나타날 경우 구조모형 검증을 실시하는데, 구조모형은 연구자가 관심을 갖고 있는 모형으로, 잠재변인 간 인과적 관계를 나타내는 모형이다. 구조모형 검증 결과, 모형이 자료에 적합한 것으로 나타나면 매개변인의 효과가 통계적으로 유의한지(또는 예측변인의 간접효과가 유의한지)를 검증한다. 마지막으로, 자료분석 결과를 토대로 연구 가설을 기각 또는 수용했는지 기술한다.

- **측정변인**: 측정도구에 의해 직접 측정되는 변인을 말하는데, 관찰변인(observed variable), 명시변인(manifest variable), 또는 지표(indicator)라고도 불린다(박현정, 2005). 구조방정식 모형에서는 직사각형 모양의 상자 안에 나타낸다.
- **잠재변인**: 직접적으로 관찰되거나 측정할 수 없기 때문에 여러 측정 문항을 통해 이론적으로 구성되는 변인을 의미한다(성태제, 2014). 즉, 잠재변인은 이론적 구인(construct)으로서 관찰변인에 내재되어 있다고 가정한다(박현정, 2005). 구조방정식 모형에서는 타원 모양의 원 안에 나타낸다.

SEM을 사용한 매개효과 검증 과정 및 내용을 요약하면 [그림 3-2]와 같다.

① **측정모형 검증**	• 확인적 요인분석 실시, 적합도 보고 • 요인부하량 및 유의도 보고
② **구조모형 및 직접효과 검증**	• 적합도, 직접경로 계수 보고 • 경쟁모형과 비교, 최종모형 결정 • 내생변수에 대한 설명량 보고
③ **간접(매개)효과 검증**	• 간접(매개)효과 검증 방법 기술 • 간접(매개)효과 검증 결과 보고
④ **가설 기각 여부 기술**	• 연구 가설 기각 여부 기술

[그림 3-2] 매개효과 검증 과정 및 내용 한눈에 보기

① 측정모형 검증

일반적으로 매개효과 검증의 첫 번째 단계로 측정모형이 자료에 적합한지 확인한다. 측정모형 검증은 측정변인들이 해당 잠재변인을 적절히 구인하는지를 확인하는 것을 의미하는데, 이를 위해 보통 확인적 요인분석을 실시하여 그 결과를 보고한다. 한편, 관련 선행 연구에서 측정변인들이 해당 잠재변인을 적절히 구인하는 것으로 나타났다면 굳이 매개효과를 검증하는 논문에서 측정모형의 적합도를 확인할 필요는 없다. 반면, 연구자가 자신의

연구를 위해 외국에서 개발되고 타당화된 척도를 우리말로 번안하여 사용했거나, 모형의 적합도를 향상시키기 위해 원래 문항이나 하위 척도 대신 문항꾸러미(item parcels)를 제작해서 잠재변인을 구인했거나, 기존의 여러 척도를 합해서 하나의 잠재변인을 구인했다면(예: 우울척도와 불안척도를 사용해서 심리적 고통을 구인), 측정변인이 해당 잠재변인을 잘 구인하고 있는지 확인할 필요가 있다. 다음의 사례에서 볼 수 있듯이, 문항꾸러미를 제작해서 잠재변인을 구인했을 경우 확인적 요인분석을 통해 측정모형의 적합도를 검증하고 있다. 이때 문항꾸러미 제작뿐 아니라 측정모형 검증 또한 학자들의 제안에 근거를 두고 있음을 주목할 필요가 있다.

> 본 연구에서는 Russell, Kahn, Spoth와 Altmaier(1998)의 제안에 따라 단일요인으로 구성된 성인애착 두 차원에 대해 각각 3개의 문항꾸러미를 제작하여 사용하였다. …… Anderson과 Gerbing(1988)의 제안에 따라 측정변인들이 해당 잠재변인을 적절히 구인하는지 확인하기 위해 확인적 요인분석을 실시하였다.
>
> 출처: 이은지, 서영석(2014), pp. 422-423.

측정모형이 자료에 적합한 정도는 다양한 지수들을 통해 확인할 수 있다(예: CFI, TLI, RMSEA, SRMR 등). 일반적으로 CFI와 TLI는 .90 이상, RMSEA는 .08 이하일 때 수용 가능한 모형으로 해석한다.

Anderson과 Gerbing(1988)의 제안에 따라 측정변인들이 해당 잠재변인을 적절히 구인하는지 확인하기 위해 확인적 요인분석을 실시하였다. 그 결과, 측정모형은 자료에 적합한 것으로 나타났다, $\chi^2(133, N=412)=475.664$, $p<.001$; CFI$=.939$; TLI$=.921$; SRMR$=.060$; RMSEA$=.079$(90% CI$=.071\sim.087$).

출처: 이은지, 서영석(2014), p. 423.

매개효과를 검증한 논문에서는 측정변인에 대한 잠재변인의 요인부하량(factor loading)을 제시하는 경우가 많은데, 이는 측정변인과 잠재변인의 상관의 크기를 나타낸다. 이를 통해 측정변인들이 잠재변인을 적절히 구인하는지를 확인할 수 있다(일반적으로 측정모형에서의 요인부하량은 .70 이상일 때 적절하다고 판단함). 김시연과 서영석(2008)의 논문에서는 측정모형 검증 결과를 본문에 기술한 다음, 14개 측정변인들에 대한 4개 잠재변인의 요인부하량을 표로 제시하고 있다.

그 결과, 측정모형이 자료에 적합한 것으로 나타났다. …… 또한 모든 잠재변수들이 측정변수에 통계적으로 유의하게($p<.001$)에 적재된 것으로 드러났다. 요인부하량, 표준오차, z-점수를 표 3에 제시하였다.

출처: 김시연, 서영석(2008), p. 1253.

〈표 3-3〉 측정모형 검증 시 요인부하량을 제시한 예

표 2. 측정모형에서의 요인부하량

척도 및 변인	비표준화 요인부하량	표준오차 (SE)	Z	표준화 요인부하량
부적응 도식				
정서결핍	0.93	0.07	13.04	.67***
유기	0.94	0.06	14.73	.76***
불신학대	0.71	0.06	11.83	.62***
결함수치심	1.00			.84***
일상스트레스				
스트레스 1	2.87	0.27	10.80	.80***
스트레스 2	1.19	0.12	9.60	.64***
스트레스 3	0.98	0.11	9.26	.61***
스트레스 4	1.00			.62***
배우자지지				
정서지지	1.43	0.37	38.47	.95***
정보지지	1.02	0.29	35.11	.93***
존중감지지	1.00			.95***
결혼만족				
동의	1.50	0.09	16.33	.81***
만족	0.87	0.06	14.41	.73***
응집	1.00			.80***

*** $p < .001$.

출처: 김시연, 서영석(2008), p. 6의 표 2를 수정함.

② 구조모형 및 직접효과 검증

측정모형이 자료에 부합한 것으로 나타나면, 그다음 단계인 구조모형 검증 단계로 나아간다. 구조모형은 연구자가 관련 이론이나 선행 연구를 토대로 잠재변인 간 인과적 관계(causal relation)를 설정한 가설모형을 말한다. 연구자의 주된 관심사는 구조모형이 수집한 자료에 부합하는지를 확인하는 것이다. 이 경우에도 측정모형 검증 시 사용한 적합도 지수를 참고해서 구조모형의 적합도를 판단한다. 구조모형이 자료에 부합하는지를 설명한 다음에는, 변인들의 직접경로계수가 통계적으로 유의한지, 내생변수(endogenous variable)는 각각 몇 % 설명되는지를 보고한다.

다음의 사례에서는 구조모형의 적합도 지수와 함께 최종 내생변수인 심리적 디스트레스가 다른 변인들에 의해 설명되는 양을 본문에 기술하고 있을 뿐 아니라, 구조모형을 그림으로 제시하면서 직접효과 크기 및 유의도를 각각의 경로에 표기하고 있다.

우선, 부적응적 완벽주의에서 기본 심리적 욕구 만족으로 가는 직접 경로를 설정한 가설모형은 자료에 적합한 것으로 나타났다, $\chi^2(55, N=326)=160.85$, $p<.001$, CFI$=.96$; TLI$=.94$; RMSEA$=.08$ (90% 신뢰구간: $.063\sim.091$) (중략) 한편, 독립변인들은 심리적 디스트레스 변량의 51.5%를 설명하는 것으로 나타났다.

출처: 조화진, 서영석(2011), p. 481.

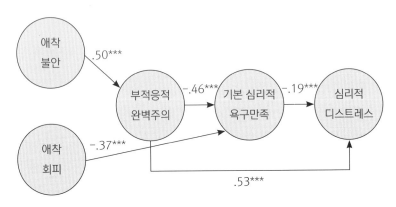

그림 2. 최종모형

주. $N=326$. 통계적으로 유의미하지 않은 경로들은 표기를 생략하였음.
$^* p<.05$, $^{***} p<.001$.

[그림 3-3] 경로계수 유의성 그림 예시

출처: 조화진, 서영석(2011), p. 481의 그림을 수정함.

다음의 사례에서도 본문에 가설모형의 적합도를 기술하고 있는데, 내생변수들이 모형에서 설명되는 분산의 양을 기술하고 있고, 직접경로가 유의한지 보고하고 있다. 이 사례도 검증 결과를 그림으로 제시하고 있다.

> 본 연구에서 설정한 가설모형의 적합도를 검증한 결과, 가설모형은 자료에 적합한 것으로 나타났다, $\chi^2(181, N=282)=425.504$, $p<.001$; CFI$=.91$, TLI$=.90$, RMSEA$=.069$(90% 신뢰구간$=.061\sim.078$). 가설모형은 부정적 섭식행동 변량의 85%, 수행불안 변량의 8%, 학습몰입 변량의 5%를 설명하는 것으로 나타났다. 또한 그림 4에서 볼 수 있듯이 모든 (직접)경로가

통계적으로 유의한 것으로 나타났다.
출처: 김시연, 서영석(2011), p. 1150.

한편, 연구자의 주 관심인 가설모형의 적합도뿐 아니라 경쟁모형을 설정해서 이들의 적합도를 비교하는 경우가 있다. 일반적으로 경쟁모형은 이론적 주장이나 선행 연구를 토대로 자료 수집 이전에 가설모형과 함께 설정한다. 가설모형을 검증하는 과정에서 경쟁모형을 설정하는 경우도 있는데, 예를 들어 유의미하지 않은 직접경로를 삭제한 것을 경쟁모형으로 설정한 후 이것의 적합도를 가설모형과 비교한다. 다음의 사례를 살펴보자.

다음으로, Grabe와 Hyde(2009)의 연구를 토대로 음악방송 노출이 부정적 섭식행동, 학습몰입 및 수행불안에 미치는 직접경로를 포함한 모형을 경쟁모형으로 채택하여 적합도 및 경로계수를 살펴보았다. 연구 결과, 경쟁모형은 양호한 적합도를 지닌 것으로 나타났다. …… 가설모형과 경쟁모형이 적합도에서 차이가 있는지 χ^2차이검증을 통해 살펴본 결과, 그 차이가 통계적으로 유의하지 않은 것으로 나타났다, $\Delta\chi^2(3, N=282)=0.208$, $p<.05$. …… 따라서 가설모형을 최종모형으로 채택하였다.
출처: 김시연, 서영석(2011), p. 1150.

앞의 사례에서는 선행 연구를 토대로 경쟁모형을 설정했음을 밝히고 있다. 그런 다음, 경쟁모형 적합도 검증 결과를 제시한 후

χ^2차이검증을 통해 가설모형과 경쟁모형의 적합도에 차이가 있는지 검증하고 있다. 두 모형에 유의한 차이가 없는 것으로 나타나 연구자는 더 간명한 가설모형을 최종모형을 채택하고 이후 분석을 진행했음을 보고하고 있다.

다음 사례들은 사전에 경쟁모형을 설정하지 않고, 자료분석 과정에서 수정모형을 경쟁모형으로 설정해서 가설모형과 적합도에서 차이가 있는지를 확인하고 있다. 이때, 근거가 되는 학자 (Martens, 2005)의 주장을 토대로 경쟁모형을 설정하고 차이검증을 실시했다는 것에 주목할 필요가 있다.

본 연구에서는 또래대상화경험이 신체감시 및 신체불안을 완전 매개하여 부정적 섭식행동 및 근육질 추구에 영향을 미칠 것으로 가정하고 이의 적합도를 확인하였다. ⋯⋯ 다음으로 Martens(2005)의 제안에 따라, 부분 매개모형을 경쟁모형으로 설정하여 χ^2차이검증을 통해 모형 간 적합도를 비교하였다.

출처: 김시연, 서영석(2012), p. 938.

직접경로의 유의도를 확인한 결과, 외로움에서 페이스북 중독으로 가는 직접경로를 제외한 모든 경로가 유의한 것으로 나타났다. 따라서 Martens(2005)의 제안에 따라 유의하지 않은 경로를 제거한 수정모형을 경쟁모형으로 설정하고 χ^2차이검증을 통해 모형의 적합도를 비교하였다. 우선, 수정모형은 자료에 적합한 것으로 나타났다. ⋯⋯ 연구모형과 수정모형의 적합도를 비교하기 위해 χ^2차이검증을 실시한 결과, 유의하지 않은 것으로

나타났다. …… 따라서 모형의 간명성을 고려하여 수정모형이 더 적합한 것으로 판단하였고…… 수정모형을 최종모형으로 채택하였다.

출처: 고은영, 최윤영, 최민영, 박성화, 서영석(2014), p. 724.

③ 간접효과/매개효과 검증

구조모형 검증 결과 모형이 자료에 적합한 것으로 나타나면, 간접효과 또는 매개효과 검증을 실시한다. 이때, 예측변인이 매개변인을 통해 간접적으로 종속변인에 영향을 미치기 때문에 간접효과라고 부르는 반면, 예측변인이 종속변인에 미치는 영향을 매개변인이 매개하기 때문에 매개효과라고 부르는 것이다. 즉, 예측변인에 초점을 두면 예측변인의 간접효과가 되고, 매개변인에 초점을 두면 매개효과가 되는 것이다. 간접효과(또는 매개효과)가 통계적으로 유의한지를 확인하기 위해서는 보통 Sobel 검증이나 부트스트랩 절차를 활용한다. 부트스트랩 절차는 Sobel 검증의 단점을 보완하는 방법으로 알려져 있기 때문에 최근 논문에서는 이 절차를 많이 활용하고 있다. 그런 이유에서인지 논문에 따라 분석 결과를 제시하기 전에 우선 부트스트랩 절차를 선정한 이유 및 이점을 간략히 기술하기도 한다. 다음의 예를 살펴보자.

> 매개효과를 검증하기 위해 Shrout와 Bolger(2002)가 제안한 부트스트랩 절차를 활용하였다. 부트스트랩 절차는 모수 분포를 알지 못할 때 모수의 경험적 분포를 생성시키는 방법이다.
>
> 출처: 김시연, 서영석(2012), p. 937.

부트스트랩 절차를 사용했을 경우 구체적으로 어떤 절차를 따랐는지 기술한다. 일반적으로 부트스트랩 절차를 따를 경우 무선할당으로 형성된 다수의 표본에서 간접효과를 추정한다. 이때, 95% 신뢰구간에 0이 포함되지 않으면 .05 수준에서 통계적으로 유의한 것으로 판단한다. 이에 대한 설명을 포함하고 있는 사례를 살펴보자.

> 불안전 애착(애착불안, 애착회피)의 간접효과를 검증하기 위해 Shrout와 Bolger(2002)가 제안한 부트스트랩 절차를 사용하였다. 이를 위해 원자료로부터 무선할당으로 형성된 1,000개의 표본에서 간접효과를 추정하였고, 95% 신뢰구간에 0이 포함되지 않을 경우 .05 수준에서 통계적으로 유의한 것으로 판단하였다.
>
> 출처: 최윤영, 서영석(2015), p. 758.

다음과 같이 간접효과 검증 결과를 본문에 간단히 기술하고, 구체적인 결과는 표에 제시하기도 한다.

성역할 갈등이 자기 낙인과 상담에 대한 태도를 통해 상담 의도에 미치는 간접효과를 검증하기 위해 부트스트랩 방법을 사용하였다. Shrout과 Bolger(2002)의 제안에 따라 원자료($N=$ 257)로부터 무선할당으로 1,000개의 표본을 생성하고, 95% 신뢰구간에 0이 포함되지 않을 경우 .05 수준에서 통계적으로 유의한 것으로 판단하였다. 그 결과, 성역할 갈등은 자기 낙인을 통해 상담 태도에, 자기 낙인은 상담 태도를 통해 상담 의도에 간접적으로 영향을 미치는 것으로 나타났다(표 2 참조). 이때, 자기 낙인은 성역할 갈등과 상담 태도의 관계를 완전 매개하였다. 또한 성역할 갈등은 자기 낙인과 상담 태도를 매개로 상담 의도에 영향을 미치는 것으로 나타났다.

출처: 안수정, 서영석(2017), pp. 642-643.

〈표 3-4〉 간접효과 유의성 표 예시

표 2. 간접효과 검증

독립변인 → 매개변인 → 종속변인	표준화 계수	95% 신뢰구간	
		하한계	상한계
성역할 갈등 → 자기 낙인 → 상담에 대한 태도	-0.21**	-0.34	-0.11
자기 낙인 → 상담에 대한 태도 → 상담의도	-0.36**	-0.64	-0.18
성역할 갈등 → 자기 낙인 → 상담에 대한 태도 → 상담의도	-0.12*	-0.25	-0.02

주. $N=257$, $*p<.05$, $**p<.01$.
출처: 안수정, 서영석(2017), p. 642의 표를 수정함.

④ **가설 기각 여부 기술**

매개(간접)효과 검증 결과를 토대로 연구 가설을 기각할지 또는 기각하지 않을지를 기술한다. 다음의 사례에서는 서론에서 기술했던 연구 가설을 다시 한 번 언급하면서 기각 여부를 구체적으로 기술하고 있다.

부적응적 완벽주의에서 기본 심리적 욕구 만족을 거쳐 심리적 디스트레스로 가는 간접경로가 유의미한 것으로 나타났다. …… 따라서 가설 4("부적응적 완벽주의는 기본 심리적 욕구 만족을 매개로 심리적 디스트레스에 영향을 미칠 것이다.")는 지지되었다.

출처: 조화진, 서영석(2011), p. 483.

대인관계문제에 대한 애착불안의 직접효과가 유의미한 것을 고려했을 때, 애착불안과 대인관계문제 간 관계는 피드백에 대한 긍정반응, 부정적 반응, 그리고 정서적 과민반응이 부분 매개하는 것으로 해석할 수 있다. 이는 본 연구에서의 아홉 번째 연구 가설을 부분적으로 지지하는 것이다.

출처: 안하얀, 서영석(2010), p. 590.

주요 분석(매개효과 검증) 요약

　어떤 변인이 매개변인인지 확인한다는 것은, 예측변인의 효과가 제3의 변인인 매개변인을 통해 준거변인에 영향을 미치는지 확인한다는 것을 의미한다. 매개효과(또는 간접효과) 검증은 측정모형 검증, 구조모형 및 직접효과 검증, 간접효과 검증 순으로 진행하고, 이를 통해 연구 가설 기각 여부를 기술한다.

■ **측정모형 검증**　연구를 위해 외국에서 개발되고 타당화된 척도를 우리말로 번안하여 사용했거나, 모형의 적합도를 향상시키기 위해 문항꾸러미를 제작해서 잠재변인을 구인했거나, 기존의 여러 척도를 합해서 하나의 잠재변인을 구인했을 경우 보통 확인적 요인분석을 실시해서 측정변인이 잠재변인을 적절히 구인하는지 확인한다.

■ **구조모형/직접효과 검증**　연구자가 설정한 잠재변인 간 인과적 관계가 자료에 적합한지, 모형에서 내생변수의 변량은 몇 % 설명되는지, 직접경로들은 통계적으로 유의한지 검증한 후 그 결과를 본문과 그림에 보고한다. 경우에 따라 경쟁모형을 설정하고 가설모형과 적합도에서 차이가 있는지를 확인한 후 그 결과에 따라 최종모형을 선정한다.

■ **간접효과(또는 매개효과) 검증**　Sobel 검증 또는 부트스트랩 절차를 활용하여 예측변인이 매개변인을 통해 간접적으로 준거변인에 영향을 미치는지를 확인한다.

■ **가설 기각 여부 기술** 마지막으로, 자료분석 결과를 토대로 연구 가설에 대한 기각 여부를 기술한다.

(2) 조절효과 검증

예측변인이 준거변인에 미치는 영향이 제3의 변인(조절변인 또는 중재변인; moderator)**의 수준에 따라 달라질 때** 조절효과(또는 중재효과)가 있다고 말한다. 즉, 조절변인은 예측변인과 준거변인 간 관계의 강도 또는 방향에 영향을 미치는 변인이다(Baron & Kenny, 1986). 한편, 예측변인과 준거변인의 관계가 조절변인의 수준(level)에 따라 달라지기 때문에, 예측변인이 조절변인과 상호작용해서 준거변인에 영향을 미친다고도 말한다(상호작용 효과)(서영석, 2010).

일반적으로 조절효과를 검증한 논문에서는 ① 조절효과 검증을 위한 사전 준비 작업, ② 조절효과 검증 절차, ③ 조절효과 검증 결과, ④ 가설 기각 여부 순으로 내용을 기술한다. 우선, 사전 준비 작업 단계에서는 변인 간 **다중공선성의** 문제를 최소화하기 위해 변인(공변인, 예측변인, 조절변인)을 **평균중심화(mean centering)**•하거나 표준점수로 변환한 다음, 상호작용 변인(중심화된 예측변인 × 중심화된 조절변인, 또는 표준점수화한 예측변인 × 표준점수화한 조절변인)을 생성하는 과정을 기술한다.

• **평균중심화**: 원자료를 선형변환(linear transformation)시키는 방법 중 하나로서, 원점수에서 평균을 빼서(X_i-M) 새로운 자료를 생성한다(박광배, 2003). 이렇게 하면 원점수들의 평균은 0에 재위치하게 된다.

  사전 준비 작업을 기술한 다음에는, 어떤 절차로 분석을 실시했는지에 대해 기술한다. 예를 들어, 조절효과 검증을 위해 위계적 회귀분석을 실시했을 경우 (공변인이 있을 때에는) 첫 단계에 중심화된(또는 표준점수로 변환된) 공변인을 투입하고, 그다음 단계에 중심화된(또는 표준점수로 변환된) 예측변인과 조절변인을 투입한 후, 최종 단계에서 상호작용 변인을 투입했다고 기술한다. 그런 다음에 분석 결과를 기술하는데, 자세한 통계검증 결과는 표나 (구조방정식으로 조절효과를 검증했을 경우) 그림으로 제시한다. 조절효과가 유의한 것으로 나타나면(즉, 상호작용 변인이 유의한 것으로 나타나면), 조절효과(상호작용 효과)가 구체적으로 어떤 형태를 띠는지 그림으로 제시하는 것이 좋다. 마지막으로, 자료분석 결과를 토대로 연구 가설을 기각 또는 수용했는지 밝힌다. 조절효과 검증 과정을 요약하면 [그림 3-4]와 같다.

① 사전 준비 작업 기술	• 평균중심화 또는 표준점수로 변환 • 상호작용 항 제작
② 조절효과 검증 절차 기술	예시) 위계적 회귀분석 • 공변인 투입 • 예측변인 투입 • 조절변인 투입 • 상호작용 항 투입
③ 조절(상호작용) 효과 검증 결과 제시	• 단계별 회귀모형의 설명량 및 유의도 보고 • 최종모형의 추가 설명량 및 유의도 보고 • 상호작용 항의 유의도 보고 • 상호작용의 형태를 그림으로 제시
④ 가설 기각 여부 기술	• 연구 가설 기각 여부 기술

[그림 3-4] 조절효과 검증 과정 및 내용 한눈에 보기

① 사전 준비 작업 기술

앞서 이야기한 것처럼, 우선 상호작용 변인을 제작한 절차를 기술한다. 조절효과 검증을 위해서는 예측변인과 조절변인을 곱한 상호작용 변인을 제작해야 하는데, 원점수를 곱해서 상호작용 변인을 생성할 경우 다중공선성의 문제가 야기될 수 있다(즉, 변인 'A × B'는 변인 A 및 변인 B와 상관이 클 것으로 예상할 수 있다). 따라서 원점수를 중심화한 다음(또는 표준점수로 변환한 다음), 중심화된 변인들을 곱해서(또는 표준점수를 곱해서) 상호작용 변인(예측변인 × 조절변인)을 만든다. 다음의 사례들을 살펴보자.

다중공선성의 문제를 최소화하고 조절효과에 대한 해석을 용이하게 하기 위하여 독립변인과 조절변인을 평균중심화(mean centering)하여 분석에 활용하였다.

출처: 이지원, 이기학(2014a), p. 78.

먼저, 다중공선성의 문제를 최소화하기 위해 변인들을 표준점수로 변환해야 한다는 제안에 따라(참고문헌), 변인들을 표준점수로 변환하였다.

출처: 이정선, 서영석(2014), p. 1118.

우선, 다중공선성의 문제를 최소화하기 위해 Aiken과 West(1991), Frazier, Tix와 Barron(2004)의 제안에 따라 변인들을 표준점수로 변환하였다.

출처: 김민선, 석분옥, 박금란, 서영석(2010), p. 733.

② 조절효과 검증 절차 기술

사전 준비 작업을 설명한 다음에는 조절효과 검증 절차를 구체적으로 기술한다. 만일 조절효과 검증을 위해 위계적 회귀분석을 실시했다면 일반적으로 (공변인이 있을 경우) **공변인(covariate), 예측변인과 조절변인, 상호작용 변인** 순으로 회귀모형에 투입하고 이를 기술한다. 다음의 사례에서도 이러한 절차에 따라 변인들을 각 단계에 투입했다고 보고하고 있다.

> 1단계에서는 가족생활적응 및 가족경계혼란과 유의미한 상관을 나타낸 인구통계학적 변인들(학년, 경제적 수준, 새부모와 거주기간, 새형제 유무)을 공변인으로 투입하였다. 2단계에서는 예측변인인 스트레스와 조절변인으로 추정되는 가족경계혼란과 사회적 지지를 투입하였다. 3단계에서는 스트레스와 가족경계혼란, 스트레스와 사회적 지지의 상호작용 변인을 투입하여 가족생활적응에 대한 설명량의 변화를 살펴보았다.
>
> 출처: 고은영, 서영석(2012), p. 407

> 위계적 회귀분석에서는 1단계에 공변인(성별, 연령, ……)을 투입하고, 2단계에서는 직무소진, 일의 의미, 편안함, 도전, 승진, 역할명료성, 업무량을 투입하였다. 3단계에서는 직무소진과 일의 의미 간 이원상호작용 변인(직무소진 × 일의 의미)과 직무소진과 업무환경 각각의 하위 요인 간 이원상호작용변인을 투입하여 직무만족에 대한 설명량의 변화를 살펴보았다.
>
> 출처: 이정선, 서영석(2014), p. 1118.

구조방정식 모형(SEM)을 사용해서 조절효과를 검증하는 경우에는 변인들을 평균중심화(또는 표준점수화)하는 것뿐 아니라, 조절모형의 측정모형과 구조모형을 검증하는 과정 또한 기술한다. 구체적인 사례를 살펴보자.

각각의 조절모형에서 측정변인들이 해당 잠재변인을 적절히 구인하는지 확인하고, 조절모형 내에서의 구조모형 검증 시 상호작용 변인의 고정값을 계산하는 데 필요한 추정치를 얻기 위해 측정모형을 검증하였다. 우선, 조절모형의 측정모형은 모두 자료에 부합한 것으로 나타났다. …… 조절모형 1의 구조모형 역시 자료에 적합한 것으로 나타났다…….

출처: 최윤영, 서영석(2015), p. 759.

상호작용효과 분석에서 잠재변인을 사용할 경우 각 변인들이 정상분포를 이뤄도 상호작용 항의 지표 변인이 정상분포를 이룬다고 볼 수 없고, 요인계수와 오차분산의 고정에 비선형 제약을 가해야 하는 어려움이 따른다. 이에 본 연구에서는 고정값을 사용해 척도 불변성을 확보할 수 있어 비선형 제약이 불필요한 Ping(1996)의 2단계 추정법을 활용하였다(홍세희, 정송, 2014). 1단계에서는 측정모형을 추정하여 모수치를 구한 다음 식에 대입하여 상호작용 변인에 고정할 분산, 요인 계수, 오차분산 값을 도출하였다. 2단계에서는 1단계에서 얻은 값을 상호작용 변인에 고정한 후 구조 모형을 검증하였다…….

출처: 안수정, 서영석(2017), p. 643.

③ 조절(상호작용)효과 검증 결과 제시

마지막으로 자료분석 결과를 기술하는데, 투입된 변인들의 설명량과 함께 상호작용 변인의 영향이 통계적으로 유의한지 본문에 언급한다. 이때 가독성을 높이기 위해 분석 결과를 표나 그림에 함께 제시하는 것이 좋다.

위계적 회귀분석 결과를 제시할 경우에는 각 단계별로 모형에 대한 변인들의 설명량이 유의한지, 그 이전 단계의 모형보다 준거변인을 유의미하게 더 많이 설명하는지를 기술한다. 특히 **상호작용 변인이 투입된 최종 회귀모형이 직전 회귀모형에 비해 준거변인을 추가적으로 유의미하게 설명하는지와 준거변인에 대한 상호작용 변인의 영향이 유의한지(상호작용 효과, 즉 조절효과가 있는지)를 기술한다.** 다음에 제시된 사례에서는 조절효과 검증을 위해 위계적 회귀분석을 실시한 결과를 보여 주고 있는데, 분석 결과를 본문뿐만 아니라 표에 제시하고 있다.

표 3에 제시된 바와 같이…… 변인을 추가로 투입한 3단계 모델 역시 직무만족 변량을 추가적으로 2% 유의하게 설명하는 것으로 나타났다[$\Delta R^2 = 1.7$, $\Delta F(6, 467) = 4.03$, $p < .001$]. …… 또한 직무만족과 일의 의미의 상호작용 효과가 유의미한 것으로 나타났는데…… 이는 직무소진과 직무만족 간 관계에서 일의 의미가 중재효과가 있음을 시사하는 것이다.

출처: 이정선, 서영석(2014), p. 1118.

우선, 공변인을 통제한 상태에서 문화적응 스트레스, 적응적 완벽주의와 부적응적 완벽주의는 신체화 변량의 12%를 추가로 설명하는 것으로 나타났다. $\Delta R^2 = .12$, $\Delta F(3, 373) = 19.83$, $p < .001$. 또한 상호작용 변인들을 추가로 투입한 3단계 모델 역시 신체화 변량의 4%를 추가로 설명하는 것으로 나타났다. $\Delta R^2 = .04$, $\Delta F(3, 370) = 7.36$, $p < .001$. …… 문화적응 스트레스와 적응

적 완벽주의의 상호작용 효과 또한 유의미한 것으로 나타났는데 ($\beta = .39$, $sr^2 = .14$, $p < .001$), 이는 문화적응 스트레스와 신체화의 관계에서 적응적 완벽주의가 중재효과가 있음을 시사한다.

출처: 김민선 외(2010), p. 733.

〈표 3-5〉위계적 회귀분석을 이용한 매개효과 검증

표 3. 문화적응 스트레스와 신체화의 관계에서 (적응적, 부적응적) 완벽주의의 중재효과

단계	예측변수	B	$SE\ B$	β	R^2
1단계	나이	.00	.02	.01	
	성별	−.01	.09	−.00	
	한국어 사용 편안함	−.03	.04	−.04	.10***
	지각된 스트레스	.27	.05	.35***	
2단계	나이	.01	.01	.03	
	성별	.01	.09	.01	
	한국어 사용 편안함	−.05	.04	−.09	
	지각된 스트레스	.13	.05	.18***	.22***
	문화적응 스트레스	.29	.05	.39***	
	적응적 완벽주의	−.06	.05	−.08	
	부적응적 완벽주의	−.05	.05	−.07	
3단계	나이	.01	.01	.03	
	성별	.14	.09	.01	
	한국어 사용 편안함	−.05	.04	−.09	
	지각된 스트레스	.13	.05	.18**	.26***
	문화적응 스트레스	.29	.05	.39***	
	적응적 완벽주의	−.06	.05	−.08	

부적응적 완벽주의	−.05	.05	−.07
스트레스 × 적응적 완벽주의	−.20	.05	−.26***
스트레스 × 부적응적 완벽주의	.07	.04	.10

주. N=378. 성별: 남성=0, 여성=1. 민족: 조선족=0, 한족=1. **p<.01,
***p<.001.
출처: 김민선 외(2010), p. 736.

구조방정식 모형을 사용해서 조절효과를 검증한 경우 결과를
다음과 같이 간략한 설명과 함께 그림으로 제시하면 이해하기가
용이하다.

> 그림 5에서 볼 수 있듯이, 상호작용 변인(애착불안 × 사회적
> 지지)이 충동성으로 향하는 직접경로가 유의한 것으로 나타나
> (β=−.18, p<.01), 애착불안과 충동성의 관계를 사회적 지지
> 가 조절함을 시사하였다.
>
> 출처: 최윤영, 서영석(2015), p. 760.

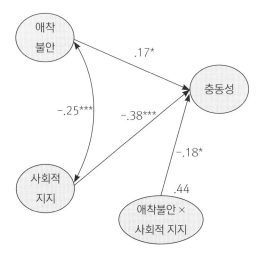

그림 5. 조절모형 1의 경로계수

주. $N=361.$ $^*p<.05,$ $^{**}p<.01,$ $^{***}p<.001.$

[그림 3-5] 구조방정식 모형을 활용한 조절효과(상호작용효과) 검증 예시 1

출처: 최윤영, 서영석(2015), p. 760.

> 또한 그림 5에서 볼 수 있듯이, 자기 낙인과 상담 친화적 환
> 경의 상호작용 변인이 상담에 대한 태도에 유의한 영향을 미치는
> 것으로 나타났다($\beta=-.15,$ $p<.05$). 이는 자기 낙인과 상담 태
> 도의 관계를 상담 친화적 환경이 조절함을 시사한다.
>
> 출처: 안수정, 서영석(2017), p. 644.

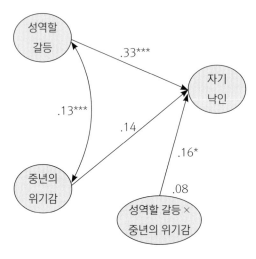

그림 3. 조절모형 1의 경로계수(표준화 계수)

주. $N=257$. $^*p<.05$, $^{***}p<.001$.

[그림 3-6] 구조방정식 모형을 활용한 조절효과(상호작용효과) 검증 예시 2

출처: 안수정, 서영석(2017), p. 644의 그림을 수정함.

예측변인과 조절변인의 상호작용 효과(조절효과)가 유의하게 나타난 경우 두 변인의 상호작용이 어떤 형태로 나타나는지 가시적으로 보여 주는 것이 좋다. 많이 사용하는 방법 중 하나는, 예측변인과 조절변인의 특정값(예: 평균에서 1 표준편차 위, 평균에서 1 표준편차 밑)에서 예측변인과 종속변인 간 관계를 나타내는 단순회귀선들의 기울기를 확인하고 이를 그림으로 나타내는 것이다. 이 방식은 위계적 회귀분석뿐 아니라 구조방정식 모형을 사용해서 조절효과를 검증한 경우에도 사용할 수 있다. 우선, 이런 절차를 근거와 함께 기술한 사례들을 살펴보자. 첫 번째 사례는 위계적 회귀분석을 사용해서 조절효과를 검증한 경우이고, 두 번째 사례는 구조방정식 모형을 사용해서 조절효과를 검증한 경우이다.

> Frazer, Tix와 Barron(2004)의 제안에 따라 평균값으로부터 표준편차 −1인 지점을 가족경계혼란과 사회적 지지가 낮은 수준으로, 표준편차 +1인 지점을 가족경계혼란과 사회적 지지가 높은 수준으로 설정하고, 이에 해당하는 점수를 회귀방정식에 대입하여 상호작용효과의 양상을 살펴보았다.
>
> 출처: 고은영, 서영석(2012), p .409.

> 조절효과 양상을 파악하기 위해, 성역할 갈등과 중년의 위기감이 높은 집단(평균에서 표준편차 1 이상)과 낮은 집단(평균에서 표준편차 1 이하)에서 상호작용효과를 전개하였다(참고문헌).
>
> 출처: 안수정, 서영석(2017), p. 643.

그런 다음, 조절효과를 가시적으로 보여 주는 그림을 제시하고 그림에 대해 간략한 설명을 덧붙인다. 이때 조절변인의 수준에 따라 예측변인과 준거변인의 관계가 어떻게 다른지 회귀선의 기울기와 함께 제시한다. 앞에 제시된 사례에 대해 그림과 설명을 다음에 각각 제시하였다.

그림 3에서 볼 수 있듯이, 가족경계혼란 수준에 따라 스트레스와 가족생활적응의 관계가 다른 양상을 띠는 것으로 나타났다. 우선, 경계혼란 수준이 낮은 집단에서는 스트레스와 가족생활적응은 서로 부적인 관계를 나타냈다. 즉, 재혼가정 내에서 경계혼란을 적게 경험하는 청소년들의 경우 스트레스를 적게 지각할수록 가족생활적응 수준이 높은 반면, 스트레스를 많이 지각할수록 가족생활적응 수준이 낮은 것으로 나타났다($b=-.576, p<.05$). 반면, 가족경계혼란 수준이 높은 집단에서는 스트레스와 가족생활적응 간 관련성이 유의미하지 않은 것으로 나타났다($b=.052, p>.05$).

출처: 고은영, 서영석(2012), p. 409.

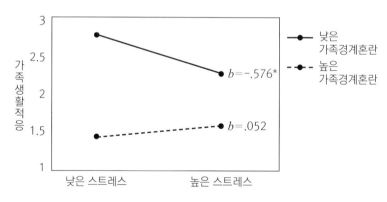

그림 3. 스트레스와 가족경계혼란의 단순효과

주. *$p<.05$.

[그림 3-7] 조절효과(상호작용효과) 예시 1

출처: 고은영, 서영석(2012), p. 409의 그림을 수정함.

그림 4에서 볼 수 있듯이, 성역할 갈등과 자기 낙인의 관계는 중년의 위기감에 따라 다른 것으로 나타났다. 즉, 중년의 위기감 수준이 높은 집단에서는 성역할 갈등과 자기 낙인 간 기울기가 유의한 반면($b=.41$, $p<.001$), 중년의 위기감 수준이 낮은 집단에서는 성역할 갈등과 자기 낙인 간 기울기가 유의하지 않은 것으로 나타났다($b=.09$, $p>.05$).

출처: 안수정, 서영석(2017), p. 643.

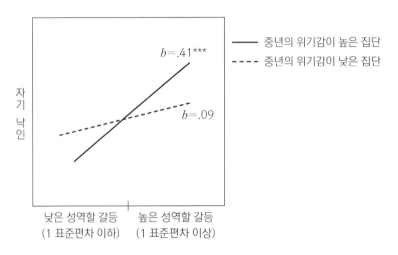

그림 4. 중년의 위기감에 따른 성역할 갈등과 자기 낙인의 관계

주. $N=257$. ***$p<.001$.

[그림 3-8] 조절효과(상호작용효과) 예시 2

출처: 안수정, 서영석(2017), p. 644의 그림을 수정함.

④ 가설 기각 여부 기술

저자들이 검토한 조절효과 검증 논문 중에는 간혹 '결과' 부분에 연구 가설 기각 여부를 밝힌 논문들이 있었다. 다음을 살펴보자.

> 재정압박과 직장탐색효능감은 부적인 관계였는데, 실업률이 높을 때는 유의미했으나 실업률이 낮을 때는 유의미하지 않았다. 따라서 가설3a는 지지되었다.
>
> 출처: Dahling, Melloy, & Thompson (2013), p. 214.

주요 분석(조절효과 검증) 요약

조절효과 검증은 준거변인에 대한 예측변인의 영향이 조절변인의 수준에 따라 달라지는지를 확인하는 것이다.

■ **사전 준비 작업 기술**　다중공선성의 문제를 최소화하기 위해 예측변인과 조절변인을 평균중심화 또는 표준점수로 변환한 다음, 중심화된(또는 표준점수로 변환된) 예측변인과 조절변인을 곱한 상호작용 변인을 제작한다.

■ **조절효과 검증 절차 기술**　구체적으로 어떤 통계기법(예: 위계적 회귀분석, 구조방정식 모형)을 사용해서 조절효과를 검증했는지 설명한다. 위계적 회귀분석을 사용했을 경우 단계별로 어떤 변인들을 회귀모형에 투입했는지 기술한다. 구조방정식 모형을 사용했을 경우에는 어떤 방법을 사용해서 조절효과를 검증했는지, 측정모형과 구조모형 검증 절차 및 결과를 기술한다.

■ **조절효과(상호작용 효과) 검증 결과 제시**　상호작용 변인이 투입된 최종모형이 직전 모형과 비교해서 준거변인을 추가적으로 유의하게 설명하는지, 상호작용 변인의 효과

는 유의한지를 기술한다. 상호작용 효과가 유의할 경우
상호작용 형태를 그림으로 보여 주는 것이 좋다.
■ **가설 기각 여부 기술**   마지막으로, 자료분석 결과를 토
대로 연구 가설에 대한 기각 여부를 밝힌다.

(3) 실험연구

실험연구(experimental study)는 연구자가 의도적으로 처치나 자
극을 조작(manipulate)하고 연구 결과에 영향을 미칠 수 있는 요인
을 통제했을 때 관심 있는 대상이나 사물에 변화가 발생하는지 확
인하는 연구이다. 연구자가 조작하여 그 수준을 변화시키는 변인
은 독립변인, 독립변인에 영향을 받는 변인은 종속변인, 연구자가
관심을 가지고 있는 연구변인은 아니지만 종속변인에 영향을 미
칠 수 있기 때문에 그 영향력을 통제해야 하는 변인은 가외변인
(통계적으로는 공변인)이라 한다. 즉, 실험연구에서 연구자의 주된
관심은 독립변인에 따라 종속변인이 변하는지(독립변인이 종속변
인을 야기하는지, 원인인지, 영향을 미치는지)를 경험적으로 확인하
는 것이다.

실험연구의 '결과' 부분에서는 ① 변인 소개 및 분석 절차를 설
명하고, ② 분석 결과를 기술하며, ③ 가설 기각 여부를 밝힌다
([그림 3-9] 참조).

① 변인 소개 및 분석 절차 설명
• 독립변인, 종속변인, 공변인
• 자료분석 방법

② 분석 결과 기술
• 통계 검증 결과
• 효과크기

③ 가설 기각 여부 기술
• 연구 가설 기각 여부 기술

[그림 3-9] 실험연구 주요 분석 과정 및 내용 한눈에 보기

① 변인 소개 및 분석 절차 설명

실험연구를 수행한 논문에서는 분석 결과를 제시하기 전에 자료분석에 투입된 변인과 분석 방법 및 절차를 간략히 설명하는 경우가 많았다. 다음의 사례들을 살펴보자.

가설검증을 위해 독립표본 t-검정을 실시하였다. 독립변인은 개입 조건, 종속변인은 (IHNI-R로 측정한) 내재화된 이성애혐오였다.

출처: Lin & Israel (2012), p. 461.

집단상담 프로그램을 실시한 실험집단이 통제집단과 비교하여 우울, 불안, 적대감 정서에서 유의미한 변화가 있는지 알아보기 위해 실험집단과 통제집단에 사전, 사후 검사를 실시하고 평균과 표준편차를 산출한 다음, 사전 검사 점수를 공변인으로 하는 공변량 분석(사후검사에 대한 두 집단 간 차이 비교)과 반복

측정 분산분석(사전, 사후, 추수검사에 대한 집단 내 차이 비교)
을 실시하였다.

출처: 손진희, 홍지영(2009), p. 1021.

직전 사례에서 독립변인은 처치(실험집단, 통제집단), 종속변인
은 부정적 정서(우울, 불안, 적대감), 사전점수는 공변인, 자료분석
은 공변량분석과 반복측정 분산분석임을 알 수 있다.

② 분석 결과 기술

최근 들어, 미국심리학회(American Psychological Association)에
서는 p-value에 기초한 분석 결과뿐 아니라 효과크기(effect size)
를 함께 보고할 것을 권장하고 있다. p-value에만 의지해서 평
균의 차이가(또는 상관이) 유의하다고(또는 유의하지 않다고) 결론
을 내릴 경우 오류를 범할 확률(예: .05)이 늘 존재하는데, 어떤 상
황(예: 표본의 크기가 클 때)에서는 이러한 오류가 팽창하는 경향이
있다. 따라서 실제 차이나 설명량을 보고하는 것이 필요한데, 효
과크기를 나타내는 대표적인 지수인 Cohen의 *d*, R제곱, 부분 에
타제곱 등을 함께 보고한다. 실험 설계를 사용한 연구에서도 효
과크기를 보고하고 있는데, 다음의 사례들을 살펴보자.

> 분석 결과, 프로그램 참여를 통해 자율학습 시간이 유의미하게 늘어난 것으로 나타났다, $t(8)=-4.249, p<.01, d=1.68.$
>
> 출처: 김윤희, 서수균, 권석만(2011), p. 591.

> 치료적 개입에 따라 긍정정서 변화는 집단별로 유의미한 차이가 나타나지 않았고[$F(2, 67)=2.896, p=.062$], 부정정서 변화는 집단별로 유의미한 차이가 나타났다[$F(2, 67)=4.935, p=.010$]. 이에 대한 효과크기(부분 η^2)는 .13으로, 이는 사후 부정정서 수준의 총변이(variation) 중 13%가 치료적 개입 조건에 의해 설명되었음을 의미한다.
>
> 출처: 이정민, 김창대(2013), p. 89.

③ 가설 기각 여부 기술

자료분석 결과를 구체적으로 기술한 다음, 그 결과를 바탕으로 연구 가설을 기각할지 또는 기각하지 않을지를 명시적으로 기술한다. 다음의 사례에서는 서론에서 기술했던 연구 가설을 다시 한 번 언급하면서 기각 여부를 구체적으로 기술하고 있다.

> 따라서 '아시아문화가치를 고수하는 아시아계 미국 내담자는 상담자가 내담자에게 정서표현을 강조할 때보다 생각을 표현할 것을 강조할 때 상담자를 더 유능하다고 평가한다.'는 가설은 지지되지 않았다.
>
> 출처: Kim, Li, & Liang (2002), p. 350.

주요 분석(실험연구) 요약

실험연구에서는 독립변인이 종속변인에 영향을 미치는
지, 즉 두 변인 간에 인과관계가 존재하는지를 검증한다. 이
를 위해 연구자는 의도적으로 처치나 자극(독립변인)을 조
작하고 환경조건 등 다른 변인(가외변인)을 통제하여 종속
변인에 변화가 발생하는지를 확인한다.

■ **변인 소개 및 분석 절차 설명** 우선, 연구에서 독립변인,
종속변인, 공변인이 무엇인지 소개하고, 어떤 과정을 통
해 자료를 분석했는지 설명한다.
■ **분석 결과 기술** 통계 검증 결과와 함께 효과크기를 보
고한다.
■ **가설 기각 여부 기술** 자료분석 결과를 토대로 연구 가
설에 대한 기각 여부를 밝힌다.

3) 추가 분석

주요 분석(main analysis)을 통해 연구자가 설정한 연구 문제, 연
구 모형 및 연구 가설이 검증되었다면 연구의 궁극적인 목표는 달
성된 것이라 할 수 있다. 그런데 연구 결과가 선행 연구나 연구 가
설과 다르게 나타나는 경우가 있는데, 이때 연구자는 나름 그 이
유를 생각해 보고 그 이유가 맞는지 확인하고 싶을 수 있다. 또한

연구 문제나 가설과는 관련이 없지만 자료를 수집하고 분석하면서 생긴 연구자의 흥미를 실증적으로 확인하고 싶을 때가 있다. 이런 경우 추가 분석(additional analysis)을 실시하고 그 결과를 기술한다. 즉, 추가 분석은 가설검증을 위해 필수적인 것은 아니지만, 연구가 진행되면서 연구자의 필요에 따라 주요 분석 이후에 실시한다.

다음은 Wei, Heppner, Russell과 Young(2006)의 연구에서 추가 분석한 내용을 발췌한 것이다. Wei 등은 동일 시점에서 변인들을 측정했음에도 불구하고 한 변인이 다른 변인에 영향을 미치는 일방향의 인과적 관계를 설정한 연구 설계상의 한계를 지적하면서 두 개의 추가 분석을 실시하였다. 즉, 변인의 선후가 뒤바뀐 모형과 두 변인 간에 단순 상관을 가정한 추가 모형을 설정하고 적합도를 검증하였다.

> 본 연구에서는 부적응적 완벽주의와 비효율적 대처를 동일 시점에서 측정했기 때문에, 부적응적 완벽주의가 비효율적 대처를 초래했는지, 비효율적 대처가 부적응적 완벽주의를 초래했는지, 또는 부적응적 완벽주의와 비효율적 대처가 단순히 상관이 있는지 정확한 답을 제공하지 않는다. 이 질문에 답하기 위해 추가 분석을 실시하였다.
>
> 출처: Wei et al.(2006), p. 7.

추가 분석 요약

■ 선행 연구나 연구 가설과 다르게 결과가 나타나거나 결과
에 대해 추가적인 설명이 필요한 경우 **추가 분석**(additional
analysis)을 실시할 수 있다.
■ **추가 분석**은 필수적인 자료분석은 아니지만, 연구의 특
성과 연구자의 관심, 추가 분석 실시의 타당성과 설득력
을 고려하면서 적절히 활용하는 것이 좋다.

3. 결과 이렇게 쓰면 좋아요!

1) 인칭 및 시제

결과 부분에서 연구자가 주어일 때는 1인칭(I, We)을 사용하고,
연구, 분석방법, 변인 등이 주어가 될 때는 3인칭을 사용한다. 국
내 논문에서는 '본 연구'라는 주어를 주로 사용하고, 연구자나 저
자가 1인칭으로 서술되는 경우는 드물다. 통계 수치나 분석 결과
는 이미 연구가 수행된 결과로 얻은 것이기 때문에 과거형으로 기
술한다.

> 본 연구의 주요 변인인 자아정체감, 진로정체감, 다중역할 계획에 대한 태도, 진로결정수준의 일반적인 경향과 그 특성을 알아보기 위해 각 변인과 그 하위 요인들에 대한 평균, 표준편차, Pearson 상관계수를 살펴보았으며, 그 결과는 표 1에 제시하였다.
>
> 출처: 김은석, 유성경(2013), p. 903.

> 본 연구에서는 또래 대상화경험이 신체감시 및 신체불안을 완전 매개하여 부정적 섭식행동 및 근육질 추구에 영향을 미칠 것으로 가정하고 이의 적합도를 확인하였다. 그 결과 가설모형은 자료에 적합한 것으로 나타났다.
>
> 출처: 김시연, 서영석(2012), p. 938.

> 구조모형 검증에 앞서, 22개 측정변인들이 남녀의 애착불안, 애착회피, 관계진솔성, 관계만족도 등 8개 잠재변인을 적절히 구인하는지 확인하기 위해 AMOS 18.0(참고문헌)을 사용하여 확인적 요인분석을 실시하였다.
>
> 출처: 최바올 외(2013), p. 236.

2) 표와 그림 제작하기

결과 부분에서는 표나 그림을 활용해서 결과를 압축적이면서도 명료하게 보여 주는 것이 좋다. 표와 그림은 『미국심리학회 출판 매뉴얼 6판』(American Psychological Association, 2010)이나 한국심리학회가 출간한『학술논문작성 및 출판지침』(한국심리학회, 2012)을 기준으로 해서 작성한다.

(1) 표

자료분석을 통해 도출된 통계 수치를 표에 제시하는 것이 효율적이다. 기술통계치의 전반적인 경향이나 연구 가설 또는 연구 문제와 관련이 있는 주요 분석 결과는 본문에 줄글로 제시하지만, 전체 통계분석 결과는 표로 제시하여 독자로 하여금 전체 결과를 살펴볼 수 있도록 안내하는 것이 좋다. 이때 적절한 기호나 주석을 활용해서 표 밑에 주요 결과의 의미를 설명한다.

표를 제작할 때 표 상단과 하단을 제외한 나머지 부분에 대해서는 가급적 세로선을 사용하지 않는다는 점에 유의해야 한다. 그리고 변인들은 번호를 붙이고, 변인의 명칭이 길 경우 표 안에는 약어를 사용한 후 표 밑에 주석으로 전체 명칭을 기술한다.

(2) 그림

그림은 표와 글을 제외한 그래프, 차트, 지도, 사진 등을 의미한다. 그림을 통해 연구자가 설정한 연구 모형이나 주요 연구 결과(예: 조절효과)를 가시적으로 보여 줄 수 있다. 그림을 제작하기 전에 몇 가지 고려할 사항이 있다. 그림을 제시해도 분석 결과를 이해하는 데 크게 기여하지 않거나 본문의 내용을 단지 반복하고 있는 것이라면 굳이 그림을 제작할 필요가 없다. 또한 정보를 제공하는 데 있어서 그림이 최선의 방법인지 고려해야 한다. 예를 들어, 제시해야 할 통계치가 많을 경우에는 그림보다 표로 제시하는 것이 더 효과적이다(American Psychological Association, 2010). 한편, 표 제목은 표 상단에 제시하지만, 그림 제목은 그림 하단에 제시한다.

결과 이렇게 쓰면 좋아요! 요약

■ 국내 논문에서는 주로 '본 연구'라는 주어를 사용한다.
■ 분석 결과는 과거형으로 기술한다.
■ 많은 양의 분석 결과를 체계적이고 효율적으로 제시하고 자 할 경우 표나 그림을 제작하는 것을 고려해 볼 필요가 있다.
■ 본문의 내용이 표나 그림에 제시된 내용과 중복되지 않도록 주의를 기울인다.

4. 3개 논문의 결과 한눈에 보기

> 예비 분석:
> 기술통계, 정상분포 확인 및 조치

> 주요 분석:
> 측정모형 검증(확인적 요인분석, 적합도 보고, 요인부하량 및 유의도,
> 잠재변인 간 상관계수),
> 구조모형 및 직접효과 검증(가설모형 검증, 경쟁모형 검증, 최종모형 결정),
> 매개효과 검증(검증 방법 및 채택 이유, 검증 결과 보고,
> 내생변수에 대한 설명량 보고), 가설 기각 여부 기술

[그림 3-10] 결과의 구조 및 내용 예시 1 – 매개효과 검증

출처: Wei, Vogel, Ku, & Zakalik (2005).

> 예비 분석:
> 기술통계, 제3의 변인(공변인), 통제 여부 확인

> 주요 분석:
> 조절효과 검증 절차(단계별 변인 투입), 조절효과 검증 결과 제시
> (효과크기 보고, 단순기울기 검증, 상호작용 형태 그림으로 제시)

> 추후 분석:
> 사후 검정력 분석 실시 이유 및 결과 기술

[그림 3-11] 결과의 구조 및 내용 예시 2 – 조절효과 검증

출처: Lee (2005).

[그림 3-12] 결과의 구조 및 내용 예시 3 – 실험연구

출처: Kim et al. (2003).

CHAPTER

논의
- 연구자의
목소리
드러내기

4

1. 논의 한눈에 보기

연구 목적/의의	• 연구의 목적, 연구 방법 및 연구 설계, 연구의 의의
연구 결과 설명 및 해석	• 연구 결과가 연구 가설을 지지하는지 기술하기 • 연구 결과가 선행 연구 및 관련 이론과 일치하는지 설명하고 해석하기
시사점 기술	• 기존의 지식기반에 기여한 점 • 후속 연구에 대한 시사점 • 상담 실제에 대한 시사점
연구의 제한점 및 후속 연구에 대한 제언	• 대표성의 문제 • 연구 설계의 한계 • 제3의 변인의 존재 가능성 • 통계적 결론 타당도의 문제 • 측정도구 및 측정방법의 한계
끝맺기	• 연구의 의의, 후속 연구의 방향

[그림 4-1] 논의 전체 구조 및 내용 한눈에 보기

2. 논의 자세히 들여다보기

자료분석 결과를 제시한 결과(results) 이후에는 논의(discussion) 가 이어진다. 논의에서는 주로 연구 결과를 선행 연구 및 이론적 주장과 비교하고, 연구의 제한점과 시사점을 기술한다. 논의의 전체 구조와 내용은 [그림 4–1]과 같다.

구체적으로 논의는 ① 연구 목적/의의 재기술하기, ② 연구 결과 설명하고 해석하기, ③ 시사점 기술하기, ④ 연구의 제한점 및 후속 연구에 대한 제언 기술하기, ⑤ 끝맺기 등 5개 영역으로 구성된다. 주요 학술지에 출판된 대부분의 논문에는 5개 영역이 모두 포함되어 있지만, ①과 ⑤를 포함하지 않은 논문들 또한 존재한다. 5개의 영역을 제시하는 순서 또한 논문마다 조금씩 다른데, 주로 ③과 ④의 순서가 뒤바뀐 경우가 많다. 즉, 1–2–3–4–5의 순서로 기술한 논문들도 있지만, 1–2–4–3–5의 순서로 논의를 구성한 논문 또한 다수 존재한다. 이 책에서는 1–2–3–4–5의 순서로 논의의 내용을 기술하고자 한다.

간단히 각 영역을 살펴보면, ① **연구 목적/의의 재기술하기**는 논의의 첫 단락에 등장하는데, 연구를 통해 무엇을 밝히고자 했는지를 요약해서 기술한다. ② **연구 결과를 설명하고 해석하기**는 연구 결과를 가설에 비추어 다시 기술하고, 선행 연구 및 이론적 주장과 일치하는지 설명하며, 일치하지 않을 경우에는 그 이유에 대한 연구자의 해석을 근거와 함께 제시한다. ③ **시사점 제시하기**에서는 연구 결과가 기존의 지식기반에 어떤 기여를 하고, 관련 이론이나 상담 실제에 시사하는 바가 무엇인지 구체적으로 기술한다. ④ **연구의 제한점 및 후속 연구에 대한 제언 기술하기**에서는 연구(결과)의 제한점을 기술하고 이를 토대로 후속 연구에 대해 제언을 한다. 마지막으로, ⑤ **끝맺기**에서는 연구(결과)의 핵심적인 내용과 의의를 재차 강조하면서 글을 마무리한다.

다음에서는 각 영역이 어떤 내용으로 구성되어 있는지 실제 사례를 토대로 구체적으로 살펴보고자 한다.

1) 연구 목적/의의

대부분의 논문에서는 '논의'의 첫 단락을 시작하면서 연구의 목적, 연구방법, 연구의 의의 등을 간략하면서도 포괄적으로 기술하고 있었다. 한편, 논문에 따라 이 부분은 다음 중 하나 이상의 내용을 포함하고 있었는데, ① 연구의 목적 기술하기, ② 연구 방법 및 연구 설계 기술하기, ③ 연구의 의의 기술하기 등이 이에 해당된다. 다음에서 각각의 내용을 구체적으로 살펴보도록 하자.

(1) 연구의 목적 기술하기

대부분의 논문에서는 연구의 목적이 무엇인지를 설명하면서 논의의 첫 단락을 시작하고 있었다(예: '이 연구의 목적은…….' '본 연구에서는…….'). 즉, 연구를 통해 무엇을 밝히려고 했는지에 초점을 두고 첫 단락의 내용을 구성하고 있었다. 다음의 사례를 살펴보자.

> 본 연구의 주요 목적은 남자 대학생들의 성역할 갈등과 상담에 대한 의도 간의 관계가 사회적 낙인, 자기 낙인, 상담에 대한 태도 등에 의해 매개되는지를 확인하는 것이었다.
>
> 출처: 박준호, 서영석(2009), p. 38.

'목적'이라는 말을 사용하고 있지는 않았지만, '~하고자 하였다.'라고 문장을 마무리하면서 연구의 목적을 밝힌 논문도 있었다.

> 본 연구에서는 여성의 진로를 바라보는 생태학적 관점에서 미시체계로부터의 사회적 지지가 개인의 대처 및 우울을 매개로 갈등 및 향상을 일으키는 구조적인 과정에 초점을 두고 기혼 취업 여성의 경험을 이해하고자 하였다.
>
> 출처: 조윤진, 유성경(2012), p. 453.

> 본 연구에서는 상담 및 심리치료의 활성화와 상담에 대한 국민의 부정적 정서의 완화를 위한 한 방법으로 상담 및 심리치료의 보험적용 가능성에 대해 고찰해 보았다.
>
> 출처: 최보영, 김아름, 김보람, 이상민(2011), p. 225.

또한 많은 논문에서 관련 이론이나 선행 연구와의 관련성을 언급하면서 연구의 목적을 기술하고 있었다. 다음의 사례를 살펴보자.

본 연구에서는 여성의 진로를 바라보는 생태학적 관점에서 미시체계로부터의 사회적 지지가 개인의 대처 및 우울을 매개로 갈등 및 향상을 일으키는 구조적인 과정에 초점을 두고 기혼 취업 여성의 경험을 이해하고자 하였다.

출처: 조윤진, 유성경(2012), p. 453.

본 연구에서는 Flores의 중독모델과 애착이론 및 관련 선행 연구 결과를 토대로, 불안전 애착(애착불안, 애착회피)과 스마트폰 중독 간 관계를 충동성이 매개하고 불안전 애착의 간접효과를 사회적 지지가 조절하는 구조모형을 설정한 후 모형의 적합도와 변인들의 효과를 검증하였다.

출처: 최윤영, 서영석(2015), p. 762.

본 연구에서는 대상화이론과 선행 연구 결과를 토대로 또래 대상화경험이 신체감시와 신체불안을 매개로 부정적 섭식행동 및 근육질 추구에 영향을 미치는 인과적 구조모형을 설정하고, 275명의 남자 고등학생들로부터 자료를 수집하여 모형의 적합도 및 변인들의 직간접효과를 검증하였다.

출처: 김시연, 서영석(2012), pp. 940-941.

(2) 연구 방법 및 연구 설계 기술하기

한편, 연구에서 사용한 연구 방법이나 연구 설계가 관련 분야에서 많이 사용하지 않거나 진일보한 것일 때 또는 연구자가 연구 방법을 강조하고 싶을 때, 논의 첫 단락에 연구의 목적이 무엇인지 서술한 다음, 이 목적을 달성하기 위해 어떤 연구 방법 또는 연구 설계를 활용했는지에 관해 기술한다. 다음의 사례에서는 연구 목적을 달성하기 위해 실험 설계를 사용했음을 명시적으로 기술하고 있다.

> 본 연구에서는 준실험 모의설계를 사용했는데, 아시아계 미국 대학생들이 비지시적 상담보다는 지시적 상담을 더 선호하는지를 평가하였다.
>
> 출처: Li & Kim (2004), p. 164.

> 본 연구에서는…… 행복증진을 위한 개입 프로그램에 참여했던 참가자들의 사전, 중간, 사후 측정치들의 자료를 사용하여, 종단연구 분석을 위한 다층 선형 모형 분석을 시행함으로써 초기치와 변화율의 추세를 살펴보았다.
>
> 출처: 윤성민, 신희천(2013), p. 296.

다음의 논문 역시 사용한 연구 설계(종단 설계)를 명시적으로 밝히고 있다. 많은 연구에서 편의상 또는 연구 수행의 실제적인 어려움 때문에 같은 시점에서 많은 자료를 수집하는 횡단 설계(cross-sectional design)를 사용하는데, 종단 설계(longitudinal design)를 사용할 경우 시차를 두고 두 번 이상의 시점에서 자료를 수집하게 된다. 상담 등 사회과학 분야에서는 종단 설계를 사용한 연구가 많지 않은데, 종단 설계를 사용하는 것은 그 자체로 큰 의의가 있을 뿐 아니라 변인 간 인과관계를 더 자신 있게 추론할 수 있다는 장점을 지니고 있다. 따라서 논의 첫 단락에 연구에서 활용한 연구 설계를 언급함으로써 연구의 의의를 재차 부각시킬 수 있다.

> 본 연구에서는 종단 설계를 사용해서 현재 애착수준이 부적응적 완벽주의와 비효율적 대처전략을 통해 미래의 우울에 영향을 미치는지 파악하였다.
>
> 출처: Wei, Heppner, Russell, & Young (2006), p. 74.

이 외에도 연구 방법/절차 또는 통계분석에 관해 서술한 논문들이 있었다. 다음에 제시된 사례들을 살펴보자.

> 사회인지진로모형에 기초하여 스트레스 대처전략과 진로결정수준 간의 관계에서 진로결정자기효능감의 매개효과를 검증하고 검증된 매개모형을 바탕으로 성차와 학년에 따른 차이를 살펴보기 위해 다집단 분석을 실시하였다.
>
> 출처: 김이지, 정신영, 김지애, 김지윤, 이동귀(2011), p. 985.

> 이 과정에서 APIM을 적용하여 남편과 아내의 스트레스 및 지각된 배우자 지지가 남편과 아내 자신의 결혼만족도뿐만 아니라 상대 배우자의 결혼만족도에 어떤 영향을 미치는지를 함께 살펴보았다.
>
> 출처: 김시연, 서영석(2010), p. 204.

> 이를 위해, 군집분석을 실시하여 부적응적 완벽주의 하위 요인과 성인애착 두 차원에 따라 집단을 구분하고, 이러한 집단들이 다양한 심리적 특성(사회적 효능감, 자아존중감, 감정적 반응, 정서적 단절, 우울, 불안)에서 차이가 있는지를 살펴보았다.
>
> 출처: 김민선, 서영석(2010), p. 425.

(3) 연구의 의의 기술하기

몇몇 논문에서는 논의 첫 단락에서 '~을 보여 주고 있다.' '~을 시사한다.' '~을 의미한다.' 등의 진술을 통해 **전체적인** 연구(결과)의 **의의**를 서술하고 있었다. 즉, 연구 전반의 의의를 설명하는 것을 의미하는데, 이후 논의 부분에서 기술할 개별 연구 결과의 구체적인 시사점과는 구분된다. 구체적인 사례를 들여다보자.

> 이는 관련 이론 및 선행 연구 결과를 토대로 변인들의 인과적 관련성을 설정한 것이 타당함을 의미하며, 대학생들의 대인관계문제와 심리적 디스트레스를 효과적으로 다루기 위해서는 자기자비와 낙관적 성향에 관심을 기울일 필요가 있음을 시사한다.
>
> 출처: 이은지, 서영석(2014), p. 426.

> 　따라서 성적 대상화 경험과 내면화를 연구변인으로 포함하는 대상화 모델은 우리나라 여자 대학생들에게도 적용 가능하며, 일반 여대생뿐만 아니라 무용 전공생에게도 적합한 것으로 판단할 수 있다.
>
> 출처: 김시연, 백근영, 서영석(2010), p. 626.

　다음의 사례에서는 기존의 연구 방식을 비판하거나 본 연구의 독특성을 기술함으로써 연구의 전체적인 의의를 부각시키고 있다.

> 　이러한 결과는 기존의 개인주의와 집단주의 성향자 집단을 구분하여 왔던 연구방식만으로는 사회 내 다양한 패턴의 문화 성향을 가진 대상들을 충분히 설명하지 못하고 있음을 말해 주고 있다. 또한 군집분석을 통하여 연구 대상에게 접근함으로써 새로운 시각의 틀로 대상을 이해할 수 있음을 보여 주고 있다.
>
> 출처: 우영지, 이기학(2011), p. 417.

> 　특히, 지금까지 국내에서 진행된 성적 대상화 관련 연구들과는 달리, 대인관계에서의 성적 대상화 경험과 이를 내면화하는 과정을 선행 변인으로 포함시켜 모형의 적합도를 검증하였다.
>
> 출처: 김시연 외(2010), p. 626.

연구 목적/의의 요약

논의의 첫 단락을 시작하면서 연구의 목적, 연구방법, 연구의 의의 등을 간략하게 기술한다. 이 부분은 다음 세 가지 중 하나 이상의 내용을 포함한다.

- **연구의 목적 기술하기** 관련 이론이나 선행 연구와의 관련성을 언급하면서 연구의 목적을 기술한다.
- **연구 방법 및 연구 설계 기술하기** 연구 목적을 달성하기 위해 사용한 방법 또는 설계를 기술한다.
- **연구의 의의 기술하기** 연구의 전반적인 의의 및 시사점을 간략히 서술한다.

2) 연구 결과 설명 및 해석

대부분의 논문에서는 논의의 두 번째 단락에서부터 주요 연구 결과를 설명하고 해석한다. 즉, 연구 결과가 서론에서 제시한 가설을 지지하는지, 관련 선행 연구에서 나온 결과 또는 이론을 바탕으로 내린 예상과 일치 또는 불일치하는지를 밝히면서 연구자가 나름의 해석을 제시한다. 구체적으로 살펴보자.

(1) 연구 결과가 연구 가설을 지지하는지 기술하기

우선, 연구를 통해 나타난 결과가 서론에서 제시한 가설을 지지하는지를 밝히는데, 연구 결과가 가설을 지지하지 않거나 연구자가 예상했던 것과 다른 결과가 나왔을 경우 연구자 나름의 해석을 제시한다. 먼저, 연구 결과가 가설을 지지한다고(또는 부분적으로 지지한다고) 기술한 사례부터 살펴보자.

> 우선, 문화적응 스트레스는 우울 및 신체화와 유의미한 정적 상관이 있는 것으로 나타났으며, 일반적인 스트레스를 통제한 후에도 문화적응 스트레스는 우울 및 신체화를 추가로 설명하는 것으로 나타났다. 따라서 첫 번째 연구 가설은 지지되었다.
>
> 출처: 김민선, 석분옥, 박금란, 서영석(2010), p. 737.

> 이는 진로장애에 대한 지각이 클수록 더 많은 스트레스를 경험할 것이라고 보고, 스트레스 대처방식과 진로장애의 관련성을 가정한 연구 문제를 지지해 주는 결과이다.
>
> 출처: 유나현, 이기학(2009), p. 2249.

다음의 사례에서는 먼저 연구 가설을 제시한 후, 연구 가설을 지지하는 연구 결과를 보고하고 있다.

본 연구에서는 자기결정이론과 Wei 등(2005)의 제안을 토대로 부적응적 완벽주의와 심리적 디스트레스의 관계를 기본 심리적 욕구 만족이 매개할 것으로 가설을 세웠다. 자료분석 결과, 부적응적 완벽주의는 심리적 디스트레스에 직접 영향을 미치기도 하지만 기본 심리적 욕구 만족을 통해 간접적으로도 영향을 미치는 것으로 나타났다.

출처: 조화진, 서영석(2011), p. 484.

다음 사례들은 연구 결과가 연구 가설(또는 선행 연구를 토대로 한 연구자의 예상)을 지지하지 않는 경우인데, 단순히 연구 결과가 가설과 불일치하다는 점을 밝히는 데 그치는 것이 아니라 연구자가 나름대로 그 이유를 해석하고 있다.

예상과 달리, 개인적 격차가 클수록 지각된 부담감과 자살생각 간 관계가 약했다. 이는 개인적 격차가 큰 사람들은 타인에게 부담이 될 것을 염려해서 대인관계보다는 성취에 관심이 많기 때문일 수 있다.

출처: Wang, Wong, & Fu (2013), p. 374.

반면, 본 연구에서 업무환경 하위 요인들의 중재효과가 모두 유의미하지 않게 나타난 이유는, 연구 참여자들이 속한 업무환경의 편향성 때문일 수 있다. 본 연구에 참여한 직장인들은 50% 이상이 대기업에 종사하고 300만 원 이상의 급여를 받는 소득자들이며, 80% 이상이 정규직 종사자로서 비교적 안정된 업무환

경에서 근무한다고 볼 수 있다. 연구 참여자들의 업무환경이 상
향 편포된 만큼 업무환경의 분산이 작아졌고 이로 인해 직무소진
의 영향력을 조절할 여지가 줄어들었을 것으로 추론해 볼 수
있다. 마지막으로, 본 연구에서 사용한 업무환경 척도의 신뢰도
가 상대적으로 낮았는데, 이 또한 연구 결과에 영향을 미쳤을 수
있다.

출처: 이정선, 서영석(2014), p. 1121.

(2) 연구 결과가 선행 연구 및 관련 이론과 일치하는지 설명하고 해석하기

대부분의 논문에서는 연구 결과가 선행 연구 및 기존의 이론적
주장과 일치하는지(또는 유사한지)의 여부를 기술하고 있었다. 우선,
연구 결과가 선행 연구와 일치한다고 보고한 사례를 살펴보자.

이러한 연구 결과는 미국에 거주하는 중국인 유학생들을 대
상으로 문화적응 스트레스와 우울 간 정적 상관을 보고한 Wei
등(2007)의 연구와 일치하며, …… 또한 외국인 유학생들이 경
험하는 문화적응 스트레스과 우울(허춘영, 1998; Constantine
et al., 2004; Wei et al., 2007; Wei et al., 2008)과 신체화(Ye,
2005) 수준을 높인다는 선행 연구와도 일치한다.

출처: 김민선 외(2010), p. 737.

> 첫째, 본 연구에서 불안전 애착(애착불안, 애착회피)은 충동성을 매개로 스마트폰 중독에 간접적인 영향을 미치는 것으로 나타났다. 우선, 애착불안의 간접효과는 선행 연구 결과, 즉 애착불안이 충동성을 높이고(참고문헌), 충동성이 중독행위를 초래한다(참고문헌)는 것을 재차 확인했을 뿐만 아니라…….
>
> 출처: 최윤영, 서영석(2015), p. 762.

다음의 사례에서는 '부분적으로 일치한다' '매우 유사하다' '맥을 같이한다'라는 표현을 사용해서 연구 결과가 선행 연구와 유사하다는 것을 밝히고 있다.

> 한편, 애착회피는 심리적 디스트레스에 직접적으로 영향을 미칠 뿐 아니라 정서적 단절을 매개로 간접적인 영향을 미치는 것으로 나타났다. 이는 정서적 단절의 완전매개효과를 보고한 Wei 등(2005)의 연구와 부분적으로 일치하는 것이다.
>
> 출처: 안하얀, 서영석(2010), p. 593.

> 본 연구 결과는 청소년의 정신병리를 통제한 후 완벽주의가 자살위험성을 증가시키지 않는다는 Gould 등(1998)의 연구 결과와 매우 유사하다.
>
> 출처: 최바올 외(2011), p. 706.

먼저, 상사의 지지는 일-가족 갈등 완화와 향상에 직접적인 영향을 미쳤고, 상사의 지지가 높을 경우 여성의 문제-중심대처도 높아지는 것으로 나타나 직장 내 상사나 동료의 지지가 중요한 것으로 확인된 선행 연구들(참고문헌)과 맥을 같이한다.

출처: 조윤진, 유성경(2012), pp. 454-455.

논문에 따라서는 연구 결과가 관련 이론을 지지한다고 기술하는 경우가 있다. 이에 해당되는 사례를 살펴보도록 하자.

구체적으로, 문제해결중심 대처전략, 회피형 대처전략은 진로결정자기효능감을 매개로 진로결정수준에 영향을 주었지만 사회적 지지추구 대처전략은 진로결정자기효능감의 매개효과가 나타나지 않았다. 이는 진로결정자기효능감이 개인의 진로결정을 하는 데 중요한 역할을 한다는 Lent와 Hachett(1987)의 이론을 지지하는 결과이며…….

출처: 김이지 외(2011), p. 985.

한편, 자기비난과 심리적 극통이 사회부과적 완벽주의와 자살사고의 관계를 완전 매개하는 것으로 나타난 본 연구 결과는 Baumeister(1990)의 자살도피이론(Escape Theory of Suicide)을 지지하며, 사회부과적 완벽주의가 어떻게 자살사고에 영향을 미치는지를 설명해 준다.

출처: 고은영, 최바올, 이소연, 이은지, 서영석(2013), pp. 73-74.

> 또한 애착불안은 대인관계문제에 직접적인 영향을 미칠 뿐
> 아니라 피드백에 대한 긍정적인 반응과 부정적 반응, 그리고
> 정서적 과민반응을 매개로 대인관계문제에 간접적으로 영향
> 을 미치는 것으로 나타났다. 우선, 본 연구 결과는 애착불안과
> 대인관계문제 간 직접적인 관련성을 언급한 선행 이론가들의
> 주장과 일치한다(참고문헌).
>
> 출처: 안하얀, 서영석(2010), p. 592.

다음의 사례에서는 연구 결과가 관련 이론뿐 아니라 선행 연구
결과를 지지한다고 보고하고 있다.

> 이러한 연구 결과는 불안전 애착(애착불안, 애착회피) 수준이
> 높은 사람들이 중독문제를 호소할 때 외부의 정서적 지원을
> 통해 충동성을 조절해야 한다는 Flores(2008/2010)의 주장을 부
> 분적으로 지지하고 불안전 애착과 충동성의 관계를 사회적 지
> 지가 조절하는 것으로 보고한 선행 연구(참고문헌)를 부분적으
> 로 지지하는 것이다.
>
> 출처: 최윤영, 서영석(2015), p. 762.

> 이처럼 본 연구 결과는 Hook 등의 주장과 일맥상통하며 이경성
> 의 연구 결과와 유사하다. 본 연구에서도 남성의 경우 관계에 대
> 한 자신의 생각과 느낌을 진솔하게 공유할 경우 남성 자신의
> 관계만족도가 향상될 뿐 아니라 상대 여성의 관계만족도 또한

향상시키는 것으로 나타났다.
출처: 최바올 외(2013), p. 241.

본 연구 결과는 적응적 완벽주의의 긍정적인 측면을 보고하
고 강조한 선행 연구 결과 및 이론적 주장과 유사하다(참고문헌).
출처: 김민선 외(2010), p. 739.

이제 연구 결과가 선행 연구 또는 기존의 주장과 불일치한다고
보고한 사례들을 살펴보자. 주목할 것은, 연구 결과가 선행 연구
와 불일치할 경우 이를 명시적으로 밝힐 뿐 아니라 왜 불일치하는
지에 대해 연구자 나름의 해석을 덧붙이는 것이다. 관련 사례들
을 살펴보자.

이는 정서적 과민반응이 애착불안과 심리적 디스트레스 간
관계를 완전매개한다는 Wei 등(2005)의 연구 결과와 일치하지
않는 것이다. ······ 두 연구에서 정서적 과민반응의 역할이 서로 다
른 이유는, Wei 등의 연구와는 달리 본 연구에서는 정서적 대
처뿐만 아니라 사회적지지 추구 및 인지 변인들을 함께 매개
변인으로 설정하여 그만큼 정서적 과민반응의 영향력이 줄어
들었기 때문일 것으로 추정된다······.
출처: 안하얀, 서영석(2010), pp. 591-592.

　무용 전공자들의 신체감시 행동이 섭식장애 증상에 영향을 미치지 않는다는 본 연구 결과는 Tiggemann과 Slater(2001)의 연구와 상반되는 것이다. …… 이렇듯, Tiggemann과 Slater의 연구 결과가 본 연구 결과와 다른 이유는 연구 참여자들이 서로 다르기 때문인 것으로 추측된다. …… Tiggemann과 Slater의 연구는…… 과거에 발레를 전공했던 여성들을 참여대상으로 하였는데…… 현재 자신의 몸에 대해서는 발레리나로 활동했던 시절에 비해 만족하고 있지 않을 가능성이 높다. 따라서 자신의 신체를 끊임없이 감시하게 되고 예전의 마른 몸과 비교하면서 신체수치심을 느끼고 결국 부정적인 섭식 행동을 하게 되는 것으로 해석할 수 있다. 반면, 현재 무용을 전공하고 있는 여대생들의 경우 절식이나 약물복용과 같은 다양한 방법으로 체중을 조절하고…… 집단에서의 압력을 내면화한 결과를 스스로 신체감시를 하게 되지만, 신체를 감시하는 행위가 자신의 신체에 대한 수치심과 섭식장애 증상에 영향을 미치지 않는 것으로 해석할 수 있다.

출처: 김시연 외(2010), pp. 627-628.

　(중략) 상담성과에 대한 즉시성 효과는 상담경력에 따라 다르지 않은 것으로 나타났다. 이는 상담자의 발달단계와 즉시성 사용에 대한 기존의 주장과 배치된다. 한 가지 가능성은, 통계적으로 유의미한 영향력을 검증할 만큼 상담자들의 발달수준이 다양하지 않았기 때문일 수 있다. 비록 본 연구에서 상담심리사 1급 자격증을 소지한 상담자들이 60%를 차지했지만, 소위 숙련상담자로 간주할 수 있는 상담자는 2명에 불과하였다. 기존 사례연구에서 나타난 것처럼 숙련된 상담자가 즉시성을

능숙하고 더 자주 사용한다는 점을 고려하면, 숙련된 상담자가
상대적으로 적은 본 연구에서 상담경력이 즉시성의 효과에 영
향을 미치지 않은 것으로 해석할 수 있다.

출처: 서영석 외(2012), p. 772.

연구 결과 설명 및 해석 요약

대부분의 논문에서는 논의 두 번째 단락에서부터 주요 연
구 결과를 설명하고 해석하고 있었다. 즉, 연구 결과가 서론
에서 제시한 가설을 지지하는지, 관련 선행 연구에서 나온
결과 또는 이론을 바탕으로 내린 예상과 일치 또는 불일치
하는지를 밝히면서 연구자가 나름의 해석을 제시한다.

■ **연구 결과가 연구 가설을 지지하는지 기술하기**   연구 결
  과가 서론에서 제시한 가설 또는 연구자의 예상과 일치
  하는지 기술하고, 연구 가설을 지지하지 않거나 예상과
  는 다른 결과가 나타났을 경우 연구자가 생각하는 나름
  의 이유를 제시한다.

■ **연구 결과가 선행 연구 및 관련 이론과 일치하는지 설명
  하고 해석하기**   연구 결과가 선행 연구 및 기존의 이론
  적 주장과 일치 또는 불일치하는지를 밝힌다. 만일 연구
  결과가 선행 연구 또는 이론적 주장과 불일치할 경우 그
  이유에 대해 연구자 나름의 해석을 제시한다.

3) 시사점 기술

논의에서는 연구 결과를 설명하고 해석하는 것과 더불어 연구 결과가 어떤 시사점을 지니는지를 구체적으로 기술할 필요가 있다. 저자들이 검토한 대부분의 논문에서는 연구 결과가 관련 이론 또는 연구, 상담 실제에 시사하는 바를 기술하고 있었다. 이때 중요한 것은, 논리의 비약을 최대한 줄이면서 가급적 특정 이론이나 선행 연구 결과 또는 학자의 주장을 토대로 연구 결과가 어떤 시사점을 지니는지를 설명하는 것이다. 다음에서는 많은 논문에서 제시하고 있는 시사점의 세부 영역을 살펴보도록 하겠다.

(1) 기존의 지식기반에 기여한 점

우선, 많은 논문에서 연구 결과가 기존의 지식기반에 어떻게 기여했는지를 기술하고 있었다. 연구자가 이러한 시사점을 구체적이고 설득력 있게 기술하려면, 도출된 결과뿐 아니라 관련 분야의 이론과 연구 동향을 폭넓게 이해하고 있어야 한다. 필요하다면 이미 검토한 이론과 학자들의 주장, 관련 선행 연구들을 재검토해야 하고, 연구 결과와 관련이 있는 문헌들을 다시 찾아야 한다. 이를 통해 연구 결과가 어떤 이론적인 시사점을 지니는지, 기존의 지식을 확장하는 데 어떤 함의를 지니는지를 구체적으로 기술할 수 있다. 이에 관한 구체적인 사례들을 살펴보자.

연구 결과는 (사회인지진로이론) 지식기반을 확장했는데, 대학 초기에 이공계 수업을 듣는 여학생들이 불리한 위치에서 방치되고 있음을 시사한다.

출처: Hardin & Longhurst (2016), p. 238.

차별대처척도가 개발되어 엄격하게 대처 연구를 수행할 수 있고, 차별에 미치는 대처의 영향을 명료하게 이해할 수 있게 되었다.

출처: Wei, Alvarez, Ku, Russell, & Bonett (2010), p. 341.

이상과 같은 한국어 CASES에 대한 연구 결과는 현재까지 상담자들의 자기효능감을 신뢰롭고 타당하게 측정할 수 있는 도구가 없었던 우리나라에서 상담자들의 자기효능감과 관련된 연구를 진행할 수 있는 기반을 제공했다는 점에서 의의가 있을 것으로 생각된다.

출처: 이수현, 서영석, 김동민(2007), p. 669.

앞에 제시한 첫 번째 사례에서는 연구를 통해 사회인지이론이 이공계 여대생들의 대학생활 초기 적응을 설명하는 데까지 확장되었음을 언급하고 있다. 두 번째와 세 번째 사례에서는 특정 척도가 개발 또는 타당화됨으로써 관련 연구 및 지식기반을 확장하는 데 기여할 수 있음을 언급하고 있다.

다음의 사례에서는 외국의 선행 연구들이 주로 불안애착과 완벽주의의 관련성을 확인했다면, 이 연구에서는 완벽주의 성향이 높으면서 동시에 회피애착이 높은 별도의 집단을 확인함으로써 완벽주의와 관련된 지식기반을 확장했음을 시사하고 있다.

> 선행 연구에서는 불안애착 수준이 높은 사람들이 더 높은 수준의 완벽주의를 지니고 있고(참고문헌), 지속적으로 완벽주의적인 사고를 함으로써 타인들로부터 버림받을지도 모른다는 두려움에 대처하는 것으로 나타났다(참고문헌). …… '수행완벽-회피애착 집단'이 독립적으로 존재한다는 본 연구 결과는, 수행 관련 완벽주의 성향이 높으면서 동시에 회피애착 수준이 높은 사람들이 존재함을 의미한다. 즉, 수행과 관련된 완벽주의 성향을 회피라는 대인관계 대처방식을 통해 해결하는 사람들이 존재함을 시사한다.
>
> 출처: 김민선, 서영석(2010), p. 425.

다음의 사례에서는 대인 민감이 우리나라 대학생들의 페이스북 중독에 갖는 독특한 효과를 언급하면서, 학자들의 견해를 바탕으로 비교문화적 관점에서 이 효과의 의미를 설명하고 연구를 통해 페이스북 중독 관련 지식기반이 확장되었음을 시사하고 있다.

> 본 연구를 통해 대인 민감이 페이스북 중독에 영향을 미치는 주요 변인으로 나타난 것은 비교문화적 관점에서 의미 있는 결과이다. …… 우리나라 대학생들의 경우…… 타인의 기대에 부응하는 방식으로 행동하는 것을 강조하는 사회적 분위기가(참

고문헌) 더해져 페이스북 중독에 대한 대인 민감의 역할이 부
각되었을 가능성이 있다. 이렇듯 본 연구 결과는 같은 변인이라
하더라도 사회문화적 맥락에 따라 그 기능이 달라질 수 있음을 시
사하는 것인데, 이는 중독 현상을 이해함에 있어 문화적 맥락을
고려할 것을 주장한 학자들의 견해(참고문헌)를 지지하는 것이다.

출처: 고은영, 최윤영, 최민영, 박성화, 서영석(2014), pp. 726-727.

(2) 후속 연구에 대한 시사점

몇몇 논문에서는 연구 결과가 후속 연구에 지니는 시사점을 기
술하고 있었다. 다음의 사례들을 살펴보자.

본 연구 결과는 자살 관련 연구와 상담 실제에 다음과 같은
시사점을 제공한다. 우선, 우리 사회에서 발생하는 자살 관련
현상을 이해함에 있어서 사회부과적 완벽주의와 같이 우리 사회
의 문화적 특성을 반영하는 변인들을 채택하여 자살 행동과의 관
련성을 확인할 필요가 있음을 시사한다.

출처: 고은영 외(2013), p. 74.

본 연구는 후속 연구에 많은 시사점을 제공한다. 첫째…… 상
담스타일의 효과를 조사함에 있어서 다양한 상담과정 변인을
조사할 필요가 있다.

출처: Li & Kim (2004), p. 166.

(3) 상담 실제에 대한 시사점

'서론 및 이론적 배경'에서도 강조했지만, 상담 연구자는 자신의 연구가 상담 현장과 일반 대중에게 어떤 시사점과 의의를 갖는지에 관해 고민해야 한다. 연구와 상담 실제가 별개라고 인식하는 주된 이유 중 하나는, 연구 결과가 상담 실제에 어떻게 적용되는지를 설명하는 연구자들의 노력이 부족하기 때문이다. 연구와 상담 실제가 유기적으로 연계되어 직업적·학문적 성장을 이루기 위해서는 상담 현장에 적용될 수 있는 연구들이 수행되어야 하고, 연구 결과가 상담자와 내담자, 상담 관계, 상담 기법 등에 어떻게 접목될 수 있을지를 구체적으로 논의할 필요가 있다.

우선, 저자들이 내용분석한 많은 논문에서는 주요 연구 결과를 간략히 제시한 다음, 상담 실제에 대한 **개괄적인 시사점**을 기술하고 있었다. 해당되는 사례들을 살펴보자.

본 연구에서 애착의 두 차원(애착불안, 애착회피)은 각기 다른 심리적 기제를 통해 심리적 디스트레스에 영향을 미치는 것으로 나타났다. 이는 상담 개입 시 내담자의 애착수준을 차원별로 점검하고 이에 따라 각기 다른 상담전략을 수립할 필요성이 있음을 시사한다.

출처: 조화진, 서영석(2011), p. 485.

본 연구 결과 또래 대상화경험이 부정적 섭식행동 및 근육질 추구에 미치는 영향을 신체 감시와 신체불안이 매개하는 것으로 나타났다. 이는 부정적 섭식행동 및 근육질 추구로 힘들어하는 남자 고등학생을 상담할 때, 신체감시와 신체불안을 줄이는 데 개입의 초점을 맞추어야 함을 시사한다.

출처: 김시연, 서영석(2012), p. 942.

첫째, 본 연구에서는 남성의 관계진솔성이 자신과 상대방의 관계만족에 유의미한 영향을 미치는 것으로 나타났다. 또한 남성의 애착불안이 남성과 여성의 관계만족에 미치는 영향을 남성의 관계진솔성이 완전 매개하는 것으로 나타났다. 이는 애착불안 수준이 높은 남성내담자나 또는 이를 포함한 커플의 관계만족도를 향상시키기 위해서는 남성의 관계진솔성에 개입할 필요가 있음을 시사한다.

출처: 최바올 외(2013), p. 243.

이렇게 상담 실제에 대한 개괄적인 시사점을 소개한 다음에는, 구체적으로 상담자가 어떤 전략을 사용할 수 있을지를 설명한다. 이때 연구자의 주관적이고 제한된 임상 경험에 기초해서 개입 전략을 논하는 것이 아니라, 관련 이론이나 학자들의 주장, 실증적인 선행 연구 결과를 바탕으로 상담 실제에 대한 시사점을 기술하는 것이 중요하다. 이에 관한 구체적인 사례들을 살펴보자.

우선, 상담자는 '수행완벽-불안정애착' 집단의 사회적 효능감이 낮지 않다는 사실에 주목할 필요가 있다. 즉, 이러한 성향을 보이는 내담자들은 관계에 대한 외현적 자신감 때문에 상담 초기 상담관계 형성에 적극적인 것처럼 보일 수 있다. 그러나…… Melges(1982)는 부적응적 완벽주의 성향이 강한 사람들은 사회적 평가에 지나치게 민감하기 때문에 불안정한 대인관계패턴을 보인다고 주장하였다. …… 따라서 상담자는 내담자의 부적응적 완벽주의 성향이 치료적 동맹관계형성에 어떻게 영향을 미치고 있는지 예의 주시하고, 내담자에게 평가자가 아닌 조력자 및 지지자로서 안전한 상담환경을 제공함으로써 대인관계 지각에 대한 내담자의 인식을 교정하는 경험을 제공할 필요가 있다.

출처: 김민선, 서영석(2010), p. 428.

특히, 본 연구 결과는 애착불안 수준과 스마트폰 중독 수준이 높은 내담자의 충동성을 줄이기 위해서는 사회적 지지에 초점을 두고 개입할 필요가 있음을 시사한다. …… 이때 상담자가 지지의 원천으로 기능할 수 있는데, 거절 신호에 민감하고 상대방으로부터 과도하게 관심을 요구함으로써 결국 관계에서 좌절과 무기력을 경험하는 내담자의 대인관계패턴을 상담관계를 통해 인식시키고(참고문헌), 상담자와의 관계에서 나타내는 내담자의 과도한 정서 표현과 그 기저의 욕구 및 두려움을 상담자가 담아내고 버텨 주는 일은(참고문헌), 상담자가 내담자의 주요 사회적 지지의 원천으로 기능하는 방법일 것이다.

출처: 최윤영, 서영석(2015), p. 764.

관계진솔성은 행동패턴으로서 비교적 쉽게 접근이 가능하
며, 연습과 훈련을 통해 중단기적으로 변화시킬 수 있다. ……
예를 들어, 거짓말하지 않기, 민감한 주제를 피하지 않고 이야기하
기…… 긍정적인 감정 표현하기 등 진솔성을 증진시키기 위한 구
체적인 행동을 교육하고 훈련함으로써 실제 관계에 적용하도록
조력할 수 있을 것이다. 관계 안에서 남성이 스스로를 많이 개
방할수록 관계가 오래 지속된다는 Sprecher와 Hendrick(2004)
의 연구 결과는 이러한 개입의 타당성을 뒷받침한다.

출처: 최바올 외(2013), p. 243.

시사점 기술 요약

연구의 시사점을 기술할 때에는, 논리의 비약을 최대한
줄이면서 가급적 특정 이론이나 선행 연구 결과 또는 학자
의 주장을 토대로 연구 결과가 어떤 시사점을 지니는지를
설명하는 것이 중요하다.

■ **기존의 지식기반에 기여한 점** 연구를 통해 도출된 결과
　가 관련 지식기반을 공고히 하고 확장하는 데 어떤 기여
　를 했는지를 구체적으로 기술한다. 이를 위해 연구자는
　관련 분야의 이론과 학자들의 주장, 연구 동향을 잘 이해
　하고 있어야 한다.
■ **후속 연구에 대한 시사점** 연구 결과가 후속 연구 수행
　에 어떤 시사점을 제공하는지 기술한다.

■ **상담 실제에 대한 시사점** 연구 결과가 상담 현장에 어떤 시사점을 제공하는지를 기술하는 것으로서, 개괄적인 시사점뿐 아니라 내담자의 호소문제, 상담관계, 상담기법 및 전략에 어떻게 적용될 수 있을지 구체적으로 기술한다.

4) 연구의 제한점 및 후속 연구에 대한 제언

모든 연구에는 결함이 있다. 연구자가 이러한 제한점을 연구 개시 전에 인지했을 수도 있고, 연구 진행 중에 또는 연구가 완료된 후에 발견할 수도 있다. 어떤 경우든 연구자는 연구의 한계 또는 제한점을 '논의'에 기술하고 후속 연구에서 이를 어떻게 보완할 수 있을지 기술할 필요가 있다. 대부분의 논문에서는 다음 5개 중 하나 이상의 문제를 연구의 제한점으로 언급하고 있었다. ① 대표성의 문제, ② 연구 설계의 한계, ③ 제3의 변인의 존재 가능성, ④ 통계적 결론 타당도의 문제, ⑤ 측정도구 및 측정방법의 한계. 연구의 한계 또는 제한점을 기술하는 것에 익숙하지 않은 독자들에게는 이 5가지 내용이 도움이 될 것이다.

(1) 대표성의 문제

거의 모든 연구에서 표본의 대표성(representativeness)을 연구의 제한점으로 언급하고 있는데, 이는 연구 결과의 **외적 타당도에 한**

계가 있음을 인정하는 것이다. 주로 연구에 참여한 사람들의 성별, 지역, 나이, 인종 등 인구통계학적 특성을 언급하면서 연구 결과를 모집단 또는 다른 특성을 지닌 집단에 일반화시키기 어렵다는 점을 기술하고 있다. 다음의 사례에서 볼 수 있듯이, 연구 참여자의 인구통계학적 특성 및 일반화의 문제를 언급하면서 후속 연구의 방향을 제시하고 있다.

첫째, 본 연구는 자발적으로 설문에 참여한 재혼가정 청소년들의 자료를 바탕으로 하였는데, 부모의 재혼으로 인해 크게 갈등을 겪고 있는 청소년들의 경우에는 설문에 응하지 않을 가능성이 높다. 즉, 본 연구는 표본의 대표성과 연구 결과의 일반화 측면에서 한계를 지니고 있다.

출처: 고은영, 서영석(2012), p. 413.

본 연구가 서울 지역 대학생들을 대상으로 자료를 수집했기 때문에 연구 결과를 모든 대학생들에게 일반화하기 어려운 한계가 있다. 특히, 지방 소도시가 더욱 보수적인 점을 고려할 때 성역할 갈등, 사회적 낙인, 자기 낙인의 수준이 다를 것으로 예상되며, 결국 상담 태도 및 의도에 미치는 영향 또한 다를 것으로 예상된다.

출처: 박준호, 서영석(2009), p. 41.

> 첫째, 본 프로그램의 참가자들은 엄격한 선발 절차를 거치지 않은 준임상 집단으로, 본 연구 결과를 임상 집단에 일반화하는 데 한계가 있다. …… 따라서 본 연구 결과를 임상집단에 일반화하기 위해서 ADHD 진단을 받은 적이 있거나 보다 엄격한 선발 절차를 거친 임상집단에 프로그램을 시행해 볼 필요가 있다.
>
> 출처: 김윤희 외(2011), p. 596.

다음의 사례에는 기법(technique)의 대표성 문제를 지적하고 있다. 즉, 연구에서 드러난 특정 기법의 효과가 다른 유사 기법에서도 나타날 수 있는지에 관해 언급하고 있다.

> 셋째, 치료적 개입에서도 제한점을 찾을 수 있는데, 본 연구에서는 체험 치료적 개입이나 인지 치료적 개입의 여러 가지 기법들 중에서 빈의자 대화와 대안적 사고 찾기를 선택하여 연구를 진행하였다. 두 기법이 각각의 치료에서 중요하게 활용되는 기법이기는 하지만 체험적 치료와 인지적 치료의 효과를 대표하기에는 한계가 있을 수 있다. 그러므로 추후 연구에서는 더 다양한 치료적 기법을 활용하여 효과를 확인하는 연구를 진행함으로써 더 의미 있는 결과를 얻을 수 있을 것으로 보인다.
>
> 출처: 이정민, 김창대(2013), p. 93.

(2) 연구 설계의 한계

많은 논문에서 연구 설계(research design)의 한계 또는 문제점을 언급하고 있었다. 이들 논문에서는 특정 **연구 설계의 전형적인**(prototypical) **한계**를 지적하는 경우가 많았다. 즉, 모의실험연구를 수행했기 때문에 실제 장면에 적용하는 데 한계가 있다거나, 횡단 설계를 사용했기 때문에 인과관계를 가정할 수 없는 근본적인 문제점을 지적하고 있었다. 이렇게 전형적인 연구 설계의 문제점을 지적한 논문 이외에도 **변인 선정, 자료분석, 연구 절차** 등을 설계상의 한계로 언급한 논문들도 있었다. 우선, 연구 설계의 전형적인 문제점을 지적한 사례부터 살펴보자. 다음의 사례에서는 모의실험 설계(analogue design)를 통해 나타난 연구 결과를 실제 상담 장면에 적용하는 문제점을 지적하고 있다.

> 본 연구가 유사개입 모의실험 설계여서 연구 결과를 실제 상담에 일반화하는 데 한계가 있다.
>
> 출처: Kim & Atkinson (2002), p. 12.

다음의 사례에서는 집단간 설계(between-groups design)를 채택하지 않은 것을 연구의 한계점으로 지적하면서 그 이유를 기술하고 있다.

> 둘째, 본 연구에서는 프로그램의 효과를 검증하기 위해 집단
> 간 설계를 채택하지 않았다. 이는 몇 가지 현실적 제약에 기초한
> 다…….
>
> 출처: 김윤희 외(2011), p. 596.

한편, 횡단 설계를 사용한 연구들에서도 설계상의 한계점을 지적한 경우가 많았다. 가장 많이 지적하는 문제는, 동일 시점에서 여러 변인들을 수집해서 이들의 관계를 확인했기 때문에 어떤 변인이 다른 변인에 영향을 미쳤다고 결론지을 수 없다는 것이다. 즉, 횡단 설계를 통해서는 변인 간 인과관계(causality)를 단정할 수 없음을 지적한 것이다. 구체적인 사례를 살펴보자.

> 본 연구가 횡단 설계여서 음주동기의 변화 또는 시간경과에
> 따른 스트레스의 변화가 음주행동에 영향을 미쳤다고 결론짓기
> 어렵다.
>
> 출처: Rice & Van Arsdale (2010), p. 448.

횡단 설계의 한계를 언급한 논문은 국내에서도 찾아볼 수 있었다. 다음의 예시에서는 관련 이론과 선행 연구들을 토대로 구조모형을 설정하고 이를 검증했지만, 기본적으로 횡단 설계를 사용했기 때문에 시간적으로 그리고 논리적으로 변인 간 인과적 관계를 단정할 수 없음을 언급하고 있다.

본 연구가 횡단 설계(cross-sectional design)에 기초하고 있다
는 사실은 본 연구의 또 다른 제한점이다. 비록 관련 이론과 선
행 연구 결과에 기초해서 인과적 구조모형을 설정하였고 모형
이 자료에 적합한 것으로 나타났지만, 실제로 변인들 간에 시
간적으로 그리고 논리적으로 인과적 관계가 존재한다고 단정할 수
없다.

출처: 최바올 외(2011), pp. 708-709.

셋째, 본 연구는 횡단적인 설계로 자살생각의 경로를 분석함
에 따라 시간의 흐름에 따른 자살생각 원인과 결과를 이해하는
데 있어 각 변인들의 변화과정에 대한 시사점을 제공하기 어렵다
는 한계점이 있다. 따라서 변인들 간의 인과관계를 추론하기
위해서는 종단적인 연구 설계가 필요하다.

출처: 박승일, 이동귀(2014), p. 566.

앞서 언급한 것처럼 논문에 따라서는 특정 연구 설계의 전형적
인 문제점을 지적한 경우 외에도 **변인 선정, 자료분석, 연구 절차**
등을 설계상의 한계로 언급한 경우가 있었다. 다음에서 구체적인
사례들을 살펴보자.

셋째, 애착대상을 연인 또는 친구로 응답한 참여자들을 따로 구분해서 자료를 분석하지 못한 한계가 있다. 애착관계에서 자신과 타인에 대한 모델은 '부모–자녀관계 모델'과 친구나 연인관계를 반영하는 '또래관계 모델'로 구분할 수 있다(참고문헌). …… 본 연구에서는 부모를 염두에 두고 성인애착 검사지를 평정한 참여자들이 상대적으로 적었기 때문에, 애착대상을 구분해서 모형의 적합도 및 관련 변인들의 영향력을 살펴보는 데 한계가 있었다.

출처: 안하얀, 서영석(2010), p. 596.

셋째, 본 연구에서는 개인–초점적 활동과 관계–초점적 활동들을 순서만 바꾸어 모두 실시하는 두 조건만으로 프로그램을 운영하여 결과를 검증했는데, 이러한 결과는 단일 부류의 활동만으로 구성된 프로그램의 효과에 미치는 성격적 특질의 조절효과에 대한 명료한 결과를 제시해 주지 못한다.

출처: 윤성민, 신희천(2013), p. 302.

다음의 사례 또한 연구 설계상의 문제점을 지적하고 있는데, 우리나라 상담자들을 대상으로 외국에서 개발된 척도를 타당화하는 과정에서 발생했을 가능성이 있는 연구 설계상의 문제, 즉 자기보고식 설문에만 의존해서 방법변량의 문제가 발생할 가능성을 언급하고 있다.

둘째, 한국어 CASES의 타당도 검증을 위한 준거로 자기보고식 질문지인 상담자발달수준 척도, 사회적 정향성 척도, 상태불안 척도를 사용했는데, **방법변량(method variance)**을 통제하지 못해 변인 간 상관이 과대 추정되었을 가능성이 있다. 앞으로의 연구에서는 이러한 점을 고려한 설계가 필요하리라 생각된다.

출처: 이수현 외(2007), p. 669.

(3) 제3의 변인의 존재 가능성

이는 연구의 제한점으로 연구변인 이외에 제3의 변인이 연구결과에 영향을 미칠 수 있음을 언급하는 것이다. 우선 다음의 사례를 살펴보자.

본 연구에서는 관계에 영향을 미치는 제3의 변인을 통제하지 못했다. 일례로…… 감정표현 불능이나 친밀함 두려움은…… 남성의 성역할 갈등과 관련이 있다(참고문헌).

출처: Breiding (2004), p. 434.

앞의 사례에서 저자는 제3의 변인을 통제하지 못한 것을 연구의 한계로 언급하고 있다. 이때 관련 선행 연구를 언급하면서 제3의 변인(감정표현 불능증, 친밀함에 대한 두려움)이 연구 결과에 영향을 미칠 수 있음을 지적하고, 후속 연구에서는 이 변인의 영향을 직접적으로 통제할 필요성을 언급하고 있다.

중요한 것은 이러한 논의를 전개하는 이유가 무엇인지 이해하는 데 있다. 연구변인 이외에 제3의 변인을 포함시키지 않은 것을 연구의 한계로 지적하는 이유는, ① 제3의 변인(들)을 채택해서 함께 자료분석에 투입할 경우 유의미하게 나타난 연구변인의 영향력 또는 효과가 더 이상 유의미하지 않게 나타날 수 있거나, ② 제3의 변인(들)을 함께 고려할 경우 준거변인을 더 많이 설명할 가능성이 있기 때문이다. 특히 ②의 경우 연구자는 '결과'에 예측변인(들)이 준거변인을 어느 정도(예: 20%) 설명하는지를 밝히고, 그 설명량이 충분치 않을 경우 '논의'에서 후속 연구를 통한 추가 변인 탐색의 필요성을 언급할 필요가 있다. 다른 사례를 살펴보자.

> 마지막으로, 본 연구 결과 부정적인 섭식행동에 비해 수행불안과 학습몰입에 대한 모형의 설명량이 적은 것으로 나타났는데, 이는 수행불안과 학습몰입에 영향을 미치는 다른 변인들을 탐색하여 모형에 포함시킬 필요가 있음을 시사한다. 관련 선행 연구에서는 친구와의 관계, 사회비교 및 어머니와의 상호작용이 청소년들의 수행불안에 영향을 미치는 것으로 나타났으며……학습몰입의 경우에도 부모와의 애착이나 양육행동이 관련이 있는 것으로 나타났다.
>
> 출처: 김시연, 서영석(2011), p. 1155.

앞의 사례에서는 준거변인인 수행불안과 학습몰입에 대한 모형의 설명량이 상대적으로 적음을 지적하면서, 선행 연구를 통해 수행불안 또는 학습몰입과 관련이 있는 것으로 나타난 변인들(예: 사회비교, 애착)을 포함하는 보다 완성된 모형을 검증할 필요성을 언급하고 있다. 다음 사례에서도 유사한 흐름으로 제3의 변인이 존재할 가능성을 언급하고 있다.

여성의 진로 발달에 고려되어야 할 변인들은 보다 다양하며, 본 연구에서 확인된 결과들로는 이러한 변인들이 유기적으로 영향을 주고받으며 여성의 진로결정을 설명하는 전체적인 그림을 그리기에는 부족하다. 따라서 추후 연구를 통해 보다 다양한 변인들의 영향력을 검증하고 이러한 변인들이 함께 여성의 진로결정에 영향을 미치는 과정을 하나의 구조 속에 살펴볼 필요가 있다.

출처: 김은석, 유성경(2013), p. 909.

앞서 기술한 것처럼, 다양한 구조적, 과정적 요인들이 재혼가정 청소년의 적응을 위협한다(참고문헌). 따라서 후속 연구에서는 가족경계혼란뿐 아니라 다른 위험요인들을 변인으로 채택해서 재혼가정 청소년들이 경험하는 스트레스와 가족생활적응 간 관계를 조절하는지 검증할 필요가 있다.

출처: 고은영, 서영석(2012), p. 414.

(4) 통계적 결론 타당도의 문제

이는 통계적인 방법을 사용해서 결론을 내릴 때 그 결론의 타당성을 위협하는 요인들이 존재함을 의미한다. 비록 다른 제한점들에 비해 덜 자주 언급되는 편이지만, 연구에 따라 1종 오류(실제로는 영가설이 참인데 이를 기각하는 오류)의 증가, 통계적 검정력(영가설이 거짓일 때 기각하는 확률)의 문제를 지적하고 있었다. 다음의 예시에서는 같은 자료를 가지고 여러 번 통계검증을 실시했을 때 1종 오류가 증가할 수 있음을 언급하면서 연구 결과를 주의해서 해석할 것을 제안하고 있다.

> 여러 번의 통계검증으로 인해…… 연구 결과가 우연히 발생했을 수 있다(1종 오류).
>
> 출처: Kim, Li, & Liang (2002), p. 352.

다음의 사례에서도 제1종 오류의 증가를 연구의 한계로 언급하고 있다. 구체적으로 상호의존적인 짝 자료를 독립적인 측정치로 간주해서 자료를 분석할 경우 제1종 오류가 증가함을 지적하면서, 후속 연구에서는 APIM(Actor and Partner Interdependence Model)을 대안으로 고려할 것을 제안하고 있다.

셋째, 본 연구에서는 부부라는 상호의존적인 대상으로부터 자료를 수집했는데, 남편과 부인의 측정치를 서로 독립적인 자료로 간주하여 분석하게 되면 제1종 오류(type I error)를 범할 확률이 증가한다(참고문헌). Kenny는 제1종 오류의 증가로 인한 부부 자료 해석의 오류를 방지하기 위해 APIM 분석 방법을 사용할 것을 제안한 바 있다. 따라서 추후 연구에서는 APIM에 따라 결혼당사자들의 자기효과 및 상대방효과를 동시에 고려하여 모형을 설정한 후 자료를 분석하는 것을 고려해야 할 것이다.

출처: 김시연, 서영석(2008), pp. 1260-1261.

다음 사례에서는 표본의 크기가 작아 통계적 검정력이 작은 한계를 지적하고 있다.

넷째, 본 연구에서 수집한 짝 자료의 수($N=136$)가 상대적으로 작아 통계적 검증력의 문제가 의심되고, 실제로 존재하는 변인들의 효과를 감지하지 못했을 가능성을 배제할 수 없다.

출처: 최바올 외(2013), p. 244.

재혼가정 청소년들을 모집하는 과정에서 많은 어려움이 있었고, 결과적으로 연구에 참여한 재혼가정 청소년들의 수가 상대적으로 적었다. 이로 인해 통계적 검증력이 약하고, 결국 작은 크기의 효과를 감지하지 못했을 가능성이 있다.

출처: 고은영, 서영석(2012), p. 413.

> 넷째, 본 연구의 표본 수가 변량분석을 실시하기에 적기 때문에 통계 효과가 과소 추정되었을 가능성이 있다. ⋯⋯ 변량분석이 표본 수에 robust하기는 하지만, 표본 수가 검정력에 미치는 영향력을 고려해 볼 때 본 연구의 작은 표본 수는 효과가 있었던 측정치조차도 유의하지 않게 만들었을 가능성이 있다.
>
> 출처: 김윤희 외(2011), pp. 596–597.

(5) 측정도구 및 측정방법의 한계

이는 연구에서 사용한 측정도구 및 측정방법의 한계를 의미하는데, 연구의 타당도에 영향을 미친다. 적지 않은 논문에서 측정도구의 타당도를 연구의 한계로 지적하고 있었다. 타당도를 위협하는 대표적인 예는 신뢰도(reliability)가 의심되는 척도를 사용하는 경우, 해외에서 개발되고 타당화된 척도를 국내에서 타당화하지 않은 채 단순 번안하여 사용하는 경우이다. 타당화가 이루어졌으나 너무 오래돼서 척도의 문항이 현재 모집단의 특성을 충분히 반영하는지 의심이 되는 경우, 기존의 타당화된 척도를 사용했으나 연구 목적이나 연구 참여자에 맞게 문항을 수정해서 사용한 경우 또한 척도의 타당도가 의심되는 경우이다.

우선, 측정도구의 신뢰도 문제를 지적하는 논문들이 있었다. 척도의 신뢰도가 낮을 경우 타당도 또한 낮기 때문에, 신뢰도가 낮은 척도를 사용할 경우 연구를 통해 도출된 결과를 신뢰하기 어렵다. 척도의 낮은 신뢰도를 연구의 제한점으로 언급한 사례를 살펴보자.

> 둘째, 본 연구에서 사용한 업무환경 척도, 특히 몇몇 하위 척도
> 들의 신뢰도가 낮아 연구 결과를 해석하는 데 주의를 필요로 한다.
>
> 출처: 이정선, 서영석(2014), p. 1123.

다음의 사례에서는 측정도구의 문항 수가 적어 신뢰도가 낮아
진 문제를 언급하고 있다(일반적으로 문항이 적으면 신뢰도는 낮고,
문항이 많으면 신뢰도는 크다).

> 또한 요인분석에서 원 척도 문항의 일부가 제외된 결과 '적절한
> 개방' 영역은 3문항만으로 구성되어 내적합치도 계수가 .70 이하
> 로 나타났고 설명량도 상대적으로 적었다.
>
> 출처: 한나리, 이동귀(2010), p. 151.

> 또 다른 연구의 제한점으로는 심리적 변인을 측정하는 도구
> 와 관련된 부분으로, 본 연구에서는 설문 실시의 편의를 위해 일
> 부 문항만을 선별하여 심리적인 변인을 측정하였다. 이런 이유로
> 설문도구의 신뢰도 계수(Cronbach's alpha)가 다소 낮은 경향을
> 보이고 있기에(상담에 대한 태도=.68; 상담효과에 대한 기대
> =.60; 상담에 대한 지식=.65), 후속 연구에서는 이러한 측정
> 도구의 한계점을 보완하고 좀 더 타당한 측정도구를 통한 연구가
> 이루어져야 할 것으로 보인다.
>
> 출처: 최보영 외(2011), p. 226.

몇몇 연구에서는 연구의 제한점으로 척도의 **구성개념 타당도**를 언급하고 있었다. 우선, 다음의 두 사례에서는 척도에 포함된 문항들이 해당 구성개념을 포괄적으로(comprehensive) 측정하지 못했을 가능성을 언급하고 있다.

> 본 연구에서는 선행 연구와 접근성 이론에 근거하여 대표적인 환경 요인 다섯 가지를 선정하였다. 환경에 대한 질문은 복잡한 심리 내적인 요소와 달리 단순하고 직접적이라 판단하여 각각의 요인을 한 문항씩으로 평정했는데, 단일 문항으로 해당 요인을 측정하는 한계를 극복하기 위해 후속 연구에서는 상담 친화적 환경 요인을 보다 복합적으로 측정할 필요가 있다.
>
> 출처: 안수정, 서영석(2017), p. 650.

> 첫째, 본 연구에서 사용한 스마트폰 중독 척도는 미국정신의학회(American Psychiatric Association, 2000) '정신질환진단 및 통계매뉴얼(Diagnostic and Statistical Manual of Mental Disorders: DSM)'을 토대로 문항을 구성하였다. 즉, 중독의 일반적인 특성 및 증상들이 문항에 포함되어 있는데, 스마트폰 중독은 기존의 다른 물질 중독 및 매체 중독과 구별되는 특성을 포함하고 있을 가능성이 있기 때문에, 후속 연구에서는 스마트폰 중독 특성이 포괄적으로 포함된 척도를 사용해서 주요 변인들과의 관련성을 살펴보는 것이 필요하다.
>
> 출처: 최윤영, 서영석(2015), p. 765.

다음의 사례 또한 척도의 구인타당도를 연구의 제한점으로 지적하고 있는데, 외국에서 개발되고 타당화된 척도가 우리나라 대학생들의 특성을 충분히 반영하지 못할 가능성을 언급하고 있다.

> 마지막으로, 본 연구에서는 페이스북 중독 정도를 측정하기 위해 외국에서 개발된 BFAS를 번안하여 사용하였다. 비록 평행분석과 탐색적 요인분석을 실시하여 구인타당도를 확보하였으나, 매개효과 검증에 사용한 동일 자료를 대상으로 요인분석을 실시했다는 점에서 척도의 타당도가 제한적일 수밖에 없다. 또한 원척도의 문항만을 번안하여 사용했기 때문에 우리나라 대학생들에게 존재하는 페이스북 중독의 독특한 현상을 담지 못했을 가능성이 있다.
>
> 출처: 고은영 외(2014), p. 729.

또한 측정방법을 연구의 한계로 지적한 논문들이 있었다. 예를 들어, 한 가지 방식으로만 변인을 측정할 경우 단일방법편향(mono-method bias)이 발생하는데, 이로 인해 오차가 증가해서 결국 연구의 타당도를 훼손시킬 가능성이 커진다. 이를 언급한 사례를 살펴보자.

> 모든 도구들이 자기보고식 척도였기 때문에, 단일방법편향으로 인한 오류가 증가했을 가능성이 있다.
>
> 출처: Skowron (2000), p. 235.

> 셋째, 본 연구는 연구 참여자의 자기 보고에 기초했기 때문에 반응자의 특성에 따라 결과가 왜곡되었을 가능성을 배제할 수 없다. 따라서 이러한 한계점을 보완하기 위하여 개인 면담, 행동관찰 혹은 실험 연구 등의 다각적이고 입체적인 방법을 이용한 측정이 필요하다.
>
> 출처: 김지윤, 이동귀(2013), p. 77.

앞의 사례들처럼 측정과 관련해서 자주 언급되는 한계점 중 하나는 자기보고식 측정이다. 자기보고식(self report) 측정은 응답자가 설문 문항을 읽거나 면접에 응하면서 자신의 생각이나 특성을 보고하는 것을 의미하는데, 다양한 이유로 응답자는 자신을 있는 그대로 드러내지 않을 수 있다. 예를 들어, 사회적으로 바람직하다고 생각하는 방식으로 자신을 드러내거나, 실제보다 더 부정적인 방식으로 자신을 표현하려고 할 수 있다. 다음의 사례에서는 **연구 참여자 및 설문 환경의 특성** 때문에 발생했을 수 있는 자기보고식 측정의 한계를 지적하고 있다.

> 또한 지불의사액을 두 번 질문해야 하는 연구 방법상의 특성으로 대면설문을 실시하였지만, 질문자의 시선을 의식해서 의도적으로 지불의사액을 높게 응답하였을 수 있다는 점을 염두하고 지불의사액을 이해해야 할 것이다.
>
> 출처: 최보영 외(2011), p. 226.

> 둘째, 본 연구에서는 연구변수들을 측정하기 위해 자기보고
> 식 설문지를 사용하였는데, 응답자가 실제 자신의 모습이 아닌
> 사회적으로 바람직하거나 이상적이라고 생각되는 방식으로 측정
> 도구를 평정했을 가능성을 배제할 수 없다. 특히, 연구 참여자
> 들이 유치원이나 학교와 같은 교육기관으로부터 설문을 요청
> 받았기 때문에, 사회적으로 바람직하다고 여겨지는 방식으로
> 응답했을 가능성이 있다.
>
> 출처: 김시연, 서영석(2008), p. 1260.

> 다섯째, 자기보고식 설문지를 작성함에 있어서 군의 특성상 초
> 급간부들이 자신들이 리더여야 한다는 인식 때문에 솔직한 응
> 답을 하지 않고 보다 바람직하다고 판단되는 항목에 답하였을 가
> 능성을 완전히 배제할 수는 없다.
>
> 출처: 박승일, 이동귀(2014), p. 566.

　다음의 사례에서는 동일한 순서로 척도를 배열한 설문지를 모
든 참여자에게 실시했을 때 발생할 수 있는 순서효과(order effect)
를 연구의 제한점으로 언급하고 있다. 순서효과를 최소화하기 위
해서는 다른 순서로 척도를 배열한 여러 종류의 설문지를 제작하
여 사용하는 것이 좋다(예: A-B-C, A-C-B, B-C-A 등 세 종류의
설문지 사용).

> 참여자들이 같은 순서로 척도를 평정했기 때문에 순서효과가 연구 결과에 영향을 미쳤을 가능성이 있다.
>
> 출처: Breiding (2004), p. 434.

연구의 제한점 및 후속 연구에 대한 제언 요약

■ **대표성의 문제** 연구의 외적 타당도와 관련된 문제로서, 성별, 지역, 인종 등 인구통계학적인 측면에서 제한된 참여자들이 연구에 참여했기 때문에, 모집단에 또는 다른 특성을 지닌 집단에 일반화하기 어렵다는 점을 지적한다.

■ **연구 설계의 한계** 연구에서 사용한 설계의 특성(예: 모의 상담 실험, 횡단 설계)을 언급하면서 연구 결과를 해석할 때(예: 실제 상담 상황에 적용, 인과관계 추론) 주의를 기울일 것을 제안한다. 또한 변인 선정, 자료분석, 연구 절차상의 문제점을 연구의 한계로 기술하기도 한다.

■ **제3의 변인의 존재 가능성** 연구변인 이외에 제3의 변인이 연구 결과에 영향을 미칠 수 있음을 언급한다.

■ **통계적 결론 타당도의 문제** 통계분석을 통해 결론을 도출할 때 발생하는 문제점을 지적하는 것을 의미하는데, 1종 오류, 통계적 검정력의 문제 등을 기술한다. 즉, 동일 자료를 사용해서 여러 번 통계검증을 실시해서 발생하는 문제, 표본의 크기가 작아서 발생하는 문제 등을 언급한다.

■ **측정도구 및 측정방법의 한계**　연구에서 사용한 측정도
구의 신뢰도가 낮거나, 타당화되지 않은 척도를 사용했
거나, 특정 측정방법(예: 자기보고식 측정)을 사용했거
나, 동일한 순서로 척도를 배열한 설문지를 사용한 점을
연구의 한계로 지적한다.

5) 끝맺기

이는 논문의 가장 마지막 부분에 기술하는 내용으로서, 해외 논
문에서는 대부분 'conclusion'이라는 제목 아래 내용을 기술하고,
국내 논문에서는 '결론'이라는 제목하에 내용을 기술한다. 논문
에 따라서는 제목을 달지 않고 내용만 기술하는 경우도 있다. 어
떤 경우든 이 부분에서 연구자는 연구의 전체 내용들을 요약·정
리해서 제시하고, 연구의 의의 및 시사점을 재차 강조하거나 후속
연구의 방향을 제시한다. 즉, 연구를 통해 어떤 결과를 얻었는지,
그 의의는 무엇인지, 연구 결과가 상담 실제에 시사하는 바가 무
엇인지, 후속 연구의 방향은 어떠해야 하는지 등을 간략히 기술한
다. 다음의 사례에서는 연구 내용을 요약해서 기술하고 있을 뿐
아니라 후속 연구의 방향을 제시하고 있다.

　본 연구는 상담이 국민건강보험 혜택에 적용이 된다고 가정하였을 때, 현재 보험료에서 어느 정도의 추가적 비용을 지불할 의사가 있는지 살펴보고, 상담이 국민건강보험에 하나의 옵션으로 들어갔을 경우 발생할 수 있는 추가 보험료를 지불하는 데 있어서 어떠한 요인들이 지불의사에 영향을 미치는지 알아보았다. …… 본 연구를 발판으로 상담의 보험 적용에 대한 상담서비스 관련 종사자들의 인식 및 정책 입안 가능성에 대한 추가적인 연구들이 이루어져야 할 것으로 생각된다.

출처: 최보영 외(2011), p. 26.

　본 연구에서는 이러한 질문들에 답을 하기 위한 선행 작업으로서 영문 CASES를 한국어로 번안하여 신뢰도 및 타당도를 검토하였다. 그 결과 CASES가 한국 상담자들에게도 타당하게 적용될 수 있음을 확인하였다. 이를 바탕으로 앞서 제기한 질문에 대한 경험적이고 구체적인 검증작업이 진행되어야 할 것이다.

출처: 이수현 외(2007), p. 670.

끝맺기 요약

■ 논문의 마지막 부분에 제시하는 내용으로서, 연구의 전체 내용을 간략히 요약하고, 연구의 의의 또는 후속 연구의 방향을 제시한다.

3. 논의 이렇게 쓰면 좋아요!

1) 시제

논의에서는 과거, 현재, 미래 시제를 모두 사용한다. 이미 발생한 것에 대해서는 과거 시제를 사용하고(예: 연구 목적, 연구 결과, 연구 설계 및 방법 등), 연구 결과를 설명하고 해석하거나 연구의 한계 및 시사점을 기술할 때는 현재 시제를 사용한다. 마지막으로, 후속 연구의 방향을 기술할 때에는 미래 시제를 사용한다. 다음의 사례에서 확인할 수 있듯이, 연구 결과를 기술할 때는 과거 시제를 사용한 반면, 연구 결과를 해석할 때는 현재 시제를 사용하고 있다.

첫째, 측정변인들의 상호관련성을 살펴본 상관분석 결과, 애착불안은 진로미결정과는 정적 상관을, 진로결정 자기효능감과는 부적 상관을 보여, 애착 불안 수준이 높을수록 진로결정 수준과 진로결정 자기효능감이 낮은 것으로 확인되었다. …… 이는 애착과 진로발달에 대해 살펴본 기존의 연구들에서 애착불안 및 애착회피 수준이 낮고 안정적인 애착관계를 경험하는 사람들의 경우 자기 자신을 긍정적으로 평가하고 자신감을 얻어 적극적인 태도를 형성하게 되므로(장석진, 2005), 진로발달 또한 성공적으로 이루어질 가능성이 높은 것으로 확인된 것과 일치하는 결과라고 할 수 있다.

출처: 이지원, 이기학(2014a), p. 75.

> 연구 결과, 대학생들은 상대방을 배려하고 예의가 바른 사람을 '된 사람'으로 인식하였고, 반대로 이기적이고 상대방을 배려하지 않는 사람을 '못된 사람'으로 인식하였다. 이처럼 한국에서는 타인을 배려하는 것이 인물을 평가하는 기준이 될 정도로 중요한 가치이기 때문에 대인관계 유능성을 구성하는 한 축이 되며, 대학생들도 그 부분에 평상시 신경을 많이 쓰고 따라서 유능감을 높게 지각하는 것으로 보인다.
>
> 출처: 한나리, 이동귀(2010), p. 150.

다음의 사례에서는 미래 시제를 사용해서 후속 연구의 방향 또는 의의를 기술하고 있다.

> 이 군집이 어떠한 과정으로 어떤 개인 내 심리적 자원들을 활용하여 적응적으로 기능하게 되는지 알게 된다면 가치관의 갈등을 경험하는 개인들에게 도움을 제공할 수 있는 중요한 정보로 이용될 수 있을 것이다.
>
> 출처: 우영지, 이기학(2011), p. 420.

> 이는 부적응적 완벽주의로 인해 심리적 디스트레스를 경험하고 있는 내담자를 상담할 때, 개입의 우선순위를 정하고 보다 포괄적인 개입전략을 세우는 데 유용한 기초자료로 활용될 수 있을 것이다.
>
> 출처: 조화진, 서영석(2011), p. 485.

2) 소제목

해외 논문에서는 논의 부분에 소제목을 달아 그 아래에 관련 내용을 기술하는 경우가 많지만, 국내에서 출판되는 논문에서는 소제목을 사용하지 않는 경우가 많다. 해외 논문에서 자주 사용하는 소제목으로는 연구 결과의 시사점, 후속 연구의 방향, 본 연구의 한계, 결론 등이 있다. 논의 부분의 다른 내용(예: 연구의 목적, 연구 결과 설명 및 해석 등)은 소제목을 사용하지 않고 기술한다. 다음의 사례에서는 '논의'라는 제목 아래 네 개의 소제목을 사용해서 관련 내용을 기술하고 있었다.

논의
  후속 연구의 방향
  연구 결과의 시사점
  연구의 제한점
  결론

출처: Wei et al. (2006), pp. 74-77.

국내 논문에서도 '논의' 아래에 소제목을 달아 관련 내용을 기술한 경우가 있었다.

논의

　연구 결과의 시사점

　연구의 제한점 및 후속 연구에 대한 제언

　　　　　　　출처: 이은지, 서영석(2014), pp. 426-430.

논의 이렇게 쓰면 좋아요! 요약

■ 논의에서 주목해야 할 스타일 관련 사항으로는 **시제**와 **소제목**을 들 수 있다.

■ 이미 발생한 것에 대해서는 과거 시제를 사용하고, 연구 결과를 설명하고 해석하거나 연구의 한계 및 시사점을 기술할 때는 현재 시제를 사용한다. 마지막으로, 후속 연구의 방향을 기술할 때에는 미래 시제를 사용한다.

■ 연구 결과의 시사점, 연구의 제한점 및 후속 연구에 대한 제언, 결론 등은 소제목을 사용해서 관련 내용을 기술하면 좋다.

4. 3개 논문의 논의 한눈에 보기

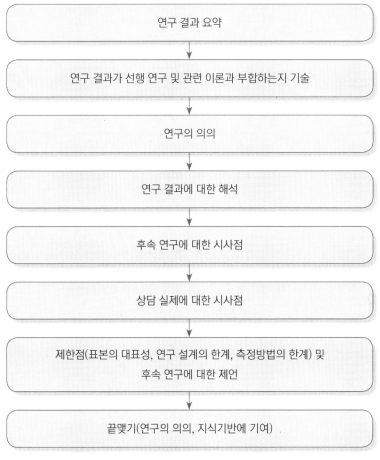

연구 결과 요약

연구 결과가 선행 연구 및 관련 이론과 부합하는지 기술

연구의 의의

연구 결과에 대한 해석

후속 연구에 대한 시사점

상담 실제에 대한 시사점

제한점(표본의 대표성, 연구 설계의 한계, 측정방법의 한계) 및
후속 연구에 대한 제언

끝맺기(연구의 의의, 지식기반에 기여)

[그림 4-2] 논의 구조 및 내용 예시 1

출처: Wei, Vogel, Ku, & Zakalik (2005).

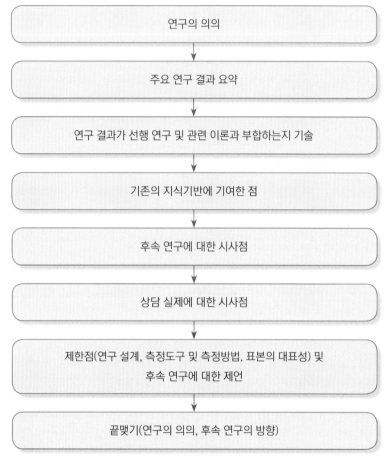

[그림 4-3] 논의 구조 및 내용 예시 2

출처: Dahling, Melloy, & Thompson (2013).

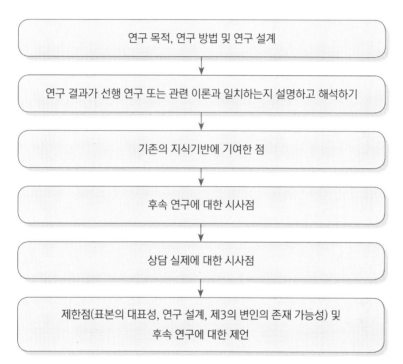

연구 목적, 연구 방법 및 연구 설계

연구 결과가 선행 연구 또는 관련 이론과 일치하는지 설명하고 해석하기

기존의 지식기반에 기여한 점

후속 연구에 대한 시사점

상담 실제에 대한 시사점

제한점(표본의 대표성, 연구 설계, 제3의 변인의 존재 가능성) 및
후속 연구에 대한 제언

[그림 4-4] 논의 구조 및 내용 예시 3

출처: 서영석 외(2012).

5

전체 요약
- 출판된 논문의
전체 구조 및 내용
한눈에 보기

지금까지 4개의 장에 걸쳐 80여 편에 달하는 국내외 학술지 논문을 내용분석한 결과를 구체적인 사례와 함께 제시하였다. 마지막으로, 이 장에서는 서론 및 이론적 배경, 방법, 결과, 논의에서 기술해야 할 주요 내용을 다시 한 번 살펴보고자 한다. 다음의 내용은 각 장의 '요약'에 포함된 내용을 다시 요약한 것이다. 독자들이 논문 작성을 본격적으로 계획하는 시점에서뿐만 아니라 논문 작성을 마무리하는 시점에서 논문에 포함될 주요 내용을 점검하는 체크리스트로 활용할 수 있을 것이다.

1. 서론 체크리스트

☑ 다음 중 하나 이상을 제시하면서 서론 및 이론적 배경을 시작하고 있는가?

- 연구 주제 관련 화두 및 자료 제시하기
- 연구 동향 및 결과 제시하기
- 연구의 배경이 되는 이론 또는 변인 간 관계 기술하기

- 선행 연구의 한계를 지적하면서 새로운 연구의 필요성 언급하기
- 연구의 목적 및 내용 기술하기

☑ 연구의 배경이 되는 이론(들)을 소개하고 주요 개념을 설명하고 있는가?

☑ 연구변인을 개념적/조작적으로 정의하고, 연구변인이 어떤 현상(또는 변인)과 관련이 있는지 기술하고 있는가?

☑ 본 연구와 밀접하게 관련 있는 선행 연구들을 집약적으로 제시하고 있는가?

☑ 다양한 측면(연구 설계, 연구 범위, 자료분석, 측정)에서 선행 연구의 제한점을 지적하고 있는가?

☑ 선행 연구의 한계를 극복하고 지식기반을 확장하기 위해서는 어떤 연구들이 필요한지 기술하고 있는가?

☑ 다음 중 하나 이상을 제시하면서 서론 및 이론적 배경을 마치고 있는가?

- 연구의 목적 및 의의
- 연구 방향 및 설계
- 연구변인에 대한 조작적 정의
- 연구 문제 또는 연구 가설

☑ 서론 및 이론적 배경에 연구자의 문제의식이 명확히 드러났는가?

☑ 서론 및 이론적 배경을 읽은 후 본 연구가 어떤 측면에서 중요하고 독특한지 이해되는가?

2. 방법 체크리스트

☑ 전체적으로, 방법에는 다음의 내용이 포함되어 있는가?
- 참여자 특성 및 모집 과정
- 검사도구
- 자료분석 방법 및 절차

☑ 연구 참여자를 모집한 집단, 참여자 모집 기준 등을 구체적으로 기술하고 있는가?

☑ 표본의 적절성과 연구의 외적 타당도가 드러날 수 있도록 참여자들의 인구통계학적 특성을 보고하고 있는가?

☑ 필요할 경우 처치를 실행한 사람(예: 상담자), 원래 계획한 대로 처치가 이루어졌는지 등을 확인하는 사람(평정자)의 특성을 보고하고 있는가?

☑ 검사도구를 기술하면서 다음의 내용을 포함하고 있는가?

- 구성 개념 또는 척도의 명칭
- 도구 개발자 및 개발 연도
- 문항의 수 및 예시 문항
- 척도의 유형(예: 리커트 척도)
- 타당도(국내 타당화 과정 포함)
- 신뢰도(선행 연구 및 본 연구)
- 필요할 경우 번역/역번역 과정 기술

☑ 누구를 대상으로 어떻게 연구를 홍보하고 참여자를 모집했는지 구체적으로 기술하고 있는가?

☑ 참여자가 연구에 참여하면서 구체적으로 무엇을 경험했는지(예: 사전동의서 작성, 참여에 대한 보상)를 기술하고 있는가?

☑ 참여자의 응답의 질을 관리하기 위해 취한 방법이 있다면 그 내용과 처리 방식을 기술하고 있는가?

☑ 결측값이 얼마나 존재하는지, 결측값은 어떻게 처리했는지 설명하고 있는가?

☑ 자료를 분석하기 위해 사용한 방법을 목적과 함께 구체적으로 기술하고 있는가?

☑ 자료분석 방법의 특징, 이점, 채택 이유 등을 기술하고 있는가?

☑관련 이론이나 선행 연구를 통해 주요 연구변인과 관련 있는 것으로 나타난 변인을 공변인(covariate)으로 설정하여 그 영향을 통제한다고 설명하고 있는가?

3. 결과 체크리스트

☑예비 분석과 주요 분석으로 나누어서 자료분석 결과를 제시하고 있는가?

☑예비 분석에는 다음의 내용들이 포함되어 있는가?

- 평균, 표준편차, 범위, 상관계수 등 변인들에 대한 기술통계(descriptive statistics)
- 제3의 변인(공변인) 통제 여부
- 정상분포 확인
- 다중공선성 가능성
- 조작 점검(manipulation check)

주요 분석-매개효과 검증

☑측정모형 검증, 구조모형 및 직접효과 검증, 간접효과 검증 순으로 분석 결과를 제시하고 있는가?

☑ 확인적 요인분석을 통해 측정모형을 검증했을 경우 적합도 지수, 요인부하량, 요인부하량의 유의도를 보고하고 있는가?

☑ 구조모형 검증 시 적합도 지수, 직접경로 계수, 내생변수에 대한 설명량을 보고하고 있는가?

☑ 경쟁모형이 있을 경우 chi-square 차이검증 등을 통해 최적의 모형을 선택하고 있는가?

☑ 간접효과(매개효과) 검증 방법(예: 부트스트랩 절차) 및 결과를 기술하고 있는가?

☑ 자료분석 결과를 토대로 연구 가설에 대한 기각 여부를 기술하고 있는가?

주요 분석–조절효과 검증

☑ 평균중심화 등 사전 준비 작업 과정을 기술하고 있는가?

☑ 조절효과를 검증하기 위해 사용한 통계기법(예: 위계적 회귀분석) 및 절차(예: 변인 투입 순서)를 구체적으로 기술하고 있는가?

☑ 상호작용 변인이 포함된 모형 및 상호작용 변인의 효과가 유의미한지를 본문에 또는 표를 통해 명시적으로 밝히고 있는가?

☑ 상호작용 효과가 유의미할 경우 상호작용의 형태를 그림을 통해 가시적으로 보여 주고 있는가?

☑ 자료분석 결과를 토대로 연구 가설에 대한 기각 여부를 밝히고 있는가?

주요 분석－실험연구

☑ 자료분석에 투입된 변인(독립변인, 종속변인, 공변인)을 소개하고 분석 방법 및 절차를 설명하고 있는가?

☑ 통계검증 결과와 함께 효과크기(예: Cohen's d)를 보고하고 있는가?

☑ 자료분석 결과를 토대로 연구 가설에 대한 기각 여부를 밝히고 있는가?

4. 논의 체크리스트

☑ 논의 첫 단락에 다음의 내용이 하나 이상 포함되어 있는가?

- 연구의 목적
- 연구 방법 및 연구 설계
- 연구의 전반적 의의

✔️ 연구 결과가 서론에서 제시한 가설 또는 연구자의 예상과 일치하는지 기술하고 있는가?

✔️ 연구 결과가 선행 연구 및 기존의 이론적 주장과 일치 또는 불일치하는지 밝히고 있는가? 만일 연구 결과가 선행 연구 또는 이론적 주장과 불일치할 경우 그 이유에 대해 연구자 나름의 해석을 제시하고 있는가?

✔️ 다음의 내용을 포함하면서 연구의 시사점을 기술하고 있는가?

- 기존의 지식기반에 기여한 점
- 후속 연구에 대한 시사점
- 상담 실제에 대한 시사점

✔️ 다음과 같은 내용을 하나 이상 포함하면서 연구의 제한점을 기술하고 후속 연구의 방향을 제시하고 있는가?

- (표본, 변인, 기법 등)의 대표성 문제
- 연구 설계의 한계
- 제3의 변인의 존재 가능성
- 통계적 결론 타당도의 문제(예: 1종 오류, 통계적 검정력)
- 측정도구 및 측정방법의 한계

✔️ 논의의 마지막 부분(끝맺기)에 연구의 전체 내용을 간략히 요약하고, 연구의 의의 또는 후속 연구의 방향을 제시하고 있는가?

참고문헌

고은영, 서영석(2012). 재혼가정 청소년의 스트레스와 가족생활적응의 관계: 가족경계혼란과 사회적지지의 조절효과 검증. 한국심리학회지: 상담 및 심리치료, 24(2), 397-419.

고은영, 최바올, 이소연, 이은지, 서영석(2013). 사회부과적 완벽주의와 자살사고의 관계: 자기비난과 심리적 극통의 매개효과. 한국심리학회지: 상담 및 심리치료, 25(1), 63-81.

고은영, 최윤영, 최민영, 박성화, 서영석(2014). 외로움, 대인 민감 및 페이스북 중독 간의 관계. 한국심리학회지: 상담 및 심리치료, 26(3), 713-736.

김계현(2000). 상담심리학 연구. 서울: 학지사.

김민선, 서영석(2010). 대학생의 부적응적 완벽주의와 성인애착에 따른 집단 분류와 심리적 특성에 대한 집단 간 차이. 한국심리학회지: 상담 및 심리치료, 22(2), 413-434.

김민선, 석분옥, 박금란, 서영석(2010). 중국인 유학생들의 문화적응 스트레스와 우울 및 신체화의 관계: 부적응적 완벽주의와 적응적 완벽주의의 중재효과 검증. 한국심리학회지: 상담 및 심리치료, 29(4), 725-745.

김시연, 백근영, 서영석(2010). 대인 성적 대상화 경험과 외모에 대한 사회문화적 기준의 내면화가 섭식장애 증상에 미치는 영향: 무용 전공 여대생과 일반 여대생 비교. 한국심리학회지: 여성, 15(4), 613-634.

김시연, 서영석(2008). 부적응 도식과 일상적 스트레스가 결혼만족에 미치는 영향: 지각된 부부 지지의 매개효과. 한국심리학회지: 상담 및 심리치료, 20(4), 1243-1265.

김시연, 서영석(2010). 스트레스, 배우자지지, 결혼만족 간 관계: 자기효과 및 상대방효과 검증. 한국심리학회지: 여성, 15(2), 189-213.

김시연, 서영석(2011). 음악방송 노출을 통한 성적대상화 경험이 여자고등학생의 부정적 섭식행동, 수행불안 및 학습몰입에 미치는 영향. 한국심리학회지: 상담 및 심리치료, 23(4), 1137-1160.

김시연, 서영석(2012). 또래 대상화경험이 남자고등학생의 부정적 섭식행동 및 근육질 추구에 미치는 영향: 신체감시 및 신체불안의 매개효과 검증. 한국심리학회지: 상담 및 심리치료, 24(4), 929-948.

김윤희, 서수균, 권석만(2011). ADHD 성향 청소년을 위한 학업적 자기관리기술 프로그램의 효과. 한국심리학회지: 상담 및 심리치료, 23(3), 577-602.

김은석, 유성경(2013). 여대생의 자아정체감과 진로결정수준 간의 관계에서 진로정체감과 다중역할계획태도의 매개효과. 한국심리학회지: 상담 및 심리치료, 25(4), 897-912.

김이지, 정신영, 김지애, 김지윤, 이동귀(2011). 대학생의 진로스트레스 대처전략과 진로결정수준 간의 관계에서 진로결정자기효능감의 매개효과. 한국심리학회지: 상담 및 심리치료, 23(4), 971-993.

김지윤, 이동귀(2013). 대학생의 사회부과 완벽주의와 주관적 안녕감의 관계에서 무조건적 자기수용과 자기개념 명확성의 매개효과 검증. 상담학연구, 14(1), 63-82.

박경(2008). 과잉 남성성과 성적 공격성간의 관계: 공감 및 강간통념의 중재 및 매개효과. 한국심리학회지: 상담 및 심리치료, 20(2), 519-

536.

박광배(2000). 다변량분석. 서울: 학지사.

박광배(2003). 변량분석과 회귀분석. 서울: 학지사.

박승일, 이동귀(2014). 군(軍) 초급간부의 직무만족, 직무스트레스, 분
노표현, 우울, 무망감이 자살생각에 미치는 영향. 한국심리학회지:
상담 및 심리치료, 26(2), 545-571.

박준호, 서영석(2009). 남자 대학생들의 성역할갈등과 상담 의도와의
관계: 사회적 낙인, 자기 낙인, 상담에 대한 태도의 매개효과. 한국
심리학회지: 상담 및 심리치료, 21(1), 25-48.

박현정(2005). 다변량 통계방법의 이해. 서울: 학연사.

백근영, 서영석(2011). 여성 직장인의 성적 대상화 경험과 일몰입의 관
계: 내면화와 신체감시의 매개효과. 한국심리학회지: 여성, 16(4),
555-571.

서영석(2010). 상담심리 연구에서 매개효과와 조절효과 검증: 개념적
구분 및 자료분석 시 고려 사항. 한국심리학회지: 상담 및 심리치료,
22(4). 1147-1168.

서영석, 이소연, 최영희(2010). 삶의 마지막에 관한 결정을 위한 윤리적 의
사결정모델 개발. 한국심리학회지: 상담 및 심리치료, 22(4), 1075-
1102.

서영석, 조화진, 조민아, 김민선, 최바올, 고은영, 안하얀, 백근영, 최영
희, 석분옥, 이정선, 민경화, 김효주, 박준호(2012). 상담자 즉시성
이 상담회기평가 및 작업동맹에 미치는 영향: 회기-내담자-상담자
3수준 다층모형 검증. 한국심리학회지: 상담 및 심리치료, 24(4), 753-
780.

성태제(2014). SPSS/AMOS를 이용한 알기 쉬운 통계분석(2판)-기술통

계에서 구조방정식모형까지-. 서울: 학지사.

손진희, 홍지영(2009). 따돌림 피해 청소년을 위한 집단상담 프로그램 개발 및 효과 연구. 상담학연구, 10(2), 1013-1033.

안수정, 서영석(2017). 중년 남성의 전문적 도움추구에 관한 연구: 성역할 갈등, 자기 낙인, 상담 태도, 상담 의도 간 관계에서 중년의 위기감과 상담 친화적 환경의 조절된 매개효과 검증. 한국심리학회지: 상담 및 심리치료, 29(3), 629-657.

안하얀, 서영석(2010). 성인애착, 심리적 디스트레스, 대인관계문제: 피드백에 대한 반응, 정서적 대처, 사회적 지지 추구의 매개효과 검증. 한국심리학회: 상담 및 심리치료, 22(3), 575-603.

우영지, 이기학(2011). 여대생의 문화성향 군집에 따른 다중역할계획태도, 성취동기, 자기효능감의 차이 연구. 한국심리학회지: 상담 및 심리치료, 23(2), 405-425.

유나현, 이기학(2009). 진로장애가 진로결정자기효능감에 미치는 영향-적극적 스트레스 대처를 매개변인으로-. 상담학연구, 10(4), 2241-2255.

윤성민, 신희천(2013). 행복증진을 위한 개입 활동들의 효과에 영향을 미치는 성격 5요인의 역할 탐색. 한국심리학회지: 상담 및 심리치료, 25(2), 275-308.

이수현, 서영석, 김동민(2007). 상담자 활동 자기효능감 척도 국내 타당화 연구. 한국심리학회지: 상담 및 심리치료, 19(3), 655-673.

이은지, 서영석(2014). 불안전 성인애착(애착불안, 애착회피)과 대인관계문제 및 심리적 디스트레스의 관계: 자기자비와 낙관적 성향의 매개효과 검증. 한국심리학회지: 상담 및 심리치료, 26(2), 413-439.

이정민, 김창대(2013). 사회적 배제 경험 이후 빈 의자 대화를 활용한 체험 치료적 개입의 효과. 상담학연구, 14(1), 83-96.

이정선, 서영석(2014). 직무소진과 직무만족의 관계: 일의 의미와 업무
환경의 중재효과. 한국심리학회지: 상담 및 심리치료, 26(4), 1109-
1129.

이지원, 이기학(2014a). 대학생의 성인애착과 진로의사결정문제와의 관
계: 정서적 어려움의 매개효과를 중심으로. 한국심리학회지: 학교,
11(1), 55-87.

이지원, 이기학(2014b). 불안정애착 및 심리적 고통이 관계중독에 미치
는 영향: 지지추구적 정서조절양식의 조절된 매개효과 검증. 한국심
리학회지: 상담 및 심리치료, 26(1), 65-95.

조윤진, 유성경(2012). 기혼 취업 여성의 사회적 지지와 일-가족 갈등
및 향상의 관계에서 문제-중심 대처와 우울정서의 매개효과. 한국
심리학회지: 상담 및 심리치료, 24(2), 441-463.

조화진, 서영석(2011). 성인애착과 심리적 디스트레스의 관계: 부적응적
완벽주의와 기본 심리적 욕구 만족의 매개효과. 한국심리학회지: 상
담 및 심리치료, 23(2), 471-490.

최바올, 고은영, 이소연, 이은지, 서영석(2011). 부적응적 완벽주의, 무
망, 우울, 심리적 극통 및 자살사고의 관계. 한국심리학회지: 상담 및
심리치료, 23(3), 693-716.

최바올, 백근영, 이은지, 김애란, 왕윤정, 서영석(2013). 커플의 성인애
착과 관계만족: 관계진솔성의 매개효과 검증. 한국심리학회지: 상담
및 심리치료, 25(2), 227-250.

최보영, 김아름, 김보람, 이상민(2011). 교사들의 상담과 심리치료의 보
험료 지불 의사에 대한 파일럿 연구. 한국심리학회지: 상담 및 심리치
료, 23(1), 213-230.

최윤영, 서영석(2015). 불안전 애착과 스마트폰 중독 간의 관계: 사회적
　　지지로 조절된 충동성의 매개효과. 한국심리학회지: 상담 및 심리치
　　료, 27(3), 749-772.

통계청(2013). 2012 사망원인통계.

한국교육심리학회(2000). 교육심리학 용어사전. 서울: 학지사.

한국심리학회(2012). 학술논문작성 및 출판지침(2판). 서울: 박영사.

한나리, 이동귀(2010). 한국 대학생의 대인관계 유능성 척도 타당화 연
　　구. 한국심리학회지: 상담 및 심리치료, 22(1), 137-156.

American Psychological Association (2010). *Publication manual of the
　　American Psychological Association* (6th ed.). Washington, DC:
　　American Psychological Association.

Baron, R. M., & Kenny, D. A. (1986). The moderator-mediator
　　variable distinction in social psychological research: Conceptual,
　　strategic, and statistical considerations. *Journal of Personality and
　　Social Psychology, 51,* 1173-1182. http://dx.doi.org/10.1037/
　　0022-3514.51.6.1173

Breiding, M. J. (2004). Observed hostility and dominance as mediators
　　of the relationship between husbands' gender role conflict and
　　wives' outcomes. *Journal of Counseling Psychology, 51*(4), 429-
　　436. http://dx.doi.org/10.1037/0022-0167.51.4.429

Consoli, M. L. M., & Llamas, J. D. (2013). The relationship between
　　Mexican American cultural values and resilience among Mexican
　　American college students: A mixed methods study. *Journal
　　of Counseling Psychology, 60*(4), 617-624. http://dx.doi.

org/10.1037/a0033998

Dahling, J. J., Melloy, R., & Thompson, M. N. (2013). Financial strain and regional unemployment as barriers to job search self-efficacy: A test of social cognitive career theory. *Journal of Counseling Psychology, 60*(2), 210-218. http://dx.doi.org/10.1037/a0031492

Dunn, M. G., & O'Brien, K. M. (2013). Work-family enrichment among dual-earner couples: Can work improve our family life? *Journal of Counseling Psychology, 60*(4), 634-640. http://dx.doi.org/10.1037/a0033538

Ellis, M. V., Krengel, M., & Beck, M. (2002). Testing self-focused attention theory in clinical supervision: Effects on supervisee anxiety and performance. *Journal of Counseling Psychology, 49*(1), 101-116. http://dx.doi.org/10.1037/0022-0167.49.1.101

Greenberg, L. S., Warwar, S. H., & Malcolm, W. M. (2008). Differential effects of emotion-focused therapy and psychoeducation in facilitating forgiveness and letting go of emotional injuries. *Journal of Counseling Psychology, 55*(2), 185-196. http://dx.doi.org/10.1037/0022-0167.55.2.185

Hardin, E. E., & Longhurst, M. O. (2016). Understanding the gender gap: Social cognitive changes during an introductory STEM course. *Journal of Counseling Psychology, 63*(2), 233-239. http://dx.doi.org/10.1037/cou0000119

Heath, P. J., Brenner, R. E., Vogel, D. L., Lannin, D. G., & Strass, H. A. (2017). Masculinity and barriers to seeking counseling: The buffering role of self-compassion. *Journal of Counseling*

Psychology, 64(1), 94−103. http://dx.doi.org/10.1037/cou0000185

Herman, K. C., Trotter R., Reinke, W. M., & Ialongo, N. (2011). Developmental origins of perfectionism among African American youth. *Journal of Counseling Psychology, 58*(3), 321−334. http://dx.doi.org/10.1037/a0023108

Kim, B. S. K., & Atkinson, D. R. (2002). Asian American client adherence to Asian cultural values, counselor expression of cultural values, counselor ethnicity, and career counseling process. *Journal of Counseling Psychology, 49*(1), 3−13. http://dx.doi.org/10.1037/0022−0167.49.1.3

Kim, B. S. K., Hill, C. E., Gelso, C. J., Goates, M. K., Asay, P. A., & Harbin, J. M. (2003). Counselor self-disclosure, East Asian American client adherence to Asian cultural values, and counseling process. *Journal of Counseling Psychology, 50*(3), 324−332. http://dx.doi.org/10.1037/0022−0167.50.3.324

Kim, B. S. K., Li, L. C., & Liang, C. T. H. (2002). Effects of Asian American client adherence to Asian cultural values, session goal, and counselor emphasis of client expression on career counseling process. *Journal of Counseling Psychology, 49*(3), 342−354. http://dx.doi.org/10.1037/0022−0167.49.3.342

Kim, B. S. K., Ng, G. F., & Ahn, A. J. (2005). Effects of client expectation for counseling success, client-counselor worldview match, and client adherence to Asian and European American cultural values on counseling process with Asian Americans.

Journal of Counseling Psychology, 52(1), 67−76. http://dx.doi. org/10.1037/0022−0167.52.1.67

Kim, E., & Kim, C. (2013). Comparative effects of empathic verbal responses: Reflection versus validation. *Journal of Counseling Psychology, 60*(3), 439−444. http://dx.doi.org/10.1037/a0032786

Kim, S. Y., Seo, Y. S., & Baek, K. Y. (2014). Face consciousness among South Korean women: A culture-specific extension of objectification theory. *Journal of Counseling Psychology, 61*(1), 24−36. http://dx.doi.org/10.1037/a0034433

Kline, R. B. (2010). *Principles and practices of structural equation modeling* (3rd ed.). New York: Guilford Press.

Kramer, U., de Roten, Y., Beretta, V., Michel, L., & Despland, J−N. (2008). Patient's and therapist's views of early alliance building in dynamic psychotherapy: Patterns and relation to outcome. *Journal of Counseling Psychology, 55*(1), 89−95. http://dx.doi. org/10.1037/0022−0167.55.1.89

Lee, R. M. (2005). Resilience against discrimination: Ethnic identity and other-group orientation as protective factors for Korean Americans. *Journal of Counseling Psychology, 52*(1), 36−44. http://dx.doi.org/10.1037/0022−0167.52.1.36

Li, L. C., & Kim, B. S. K. (2004). Effects of counseling style and client adherence to Asian cultural values on counseling process with Asian American college students. *Journal of Counseling Psychology, 51*(2), 158−167. http://dx.doi.org/10.1037/0022− 0167.51.2.158

Lin, Y—J., & Israel, T. (2012). A computer-based intervention to reduce internalized heterosexism in men. *Journal of Counseling Psychology, 59*(3), 458–464. http://dx.doi.org/10.1037/a0028282

Martens, M. P. (2005). The use of structural equation modeling in counseling psychology research. *The Counseling Psychologist, 33*(3), 269–298. http://dx.doi.org/10.1177/0011000004272260

Myers. R. (1990). *Classical and modern regression with applications.* Boston, MA: Duxbury Press.

Rice, K. G., & Van Arsdale, A. C. (2010). Perfectionism, perceived stress, drinking to cope, and alcohol-related problems among college students. *Journal of Counseling Psychology, 57*(4), 439–450. http://dx.doi.org/10.1037/a0020221

Riggs, S. A., Cusimano, A. M., & Benson, K. M. (2011). Childhood emotional abuse and attachment processes in the dyadic adjustment of dating couples. *Journal of Counseling Psychology, 58*(1), 126–138. http://dx.doi.org/10.1037/a0021319

Skowron, E. A. (2000). The role of differentiation of self in marital adjustment. *Journal of Counseling Psychology, 47*(2), 229–237. http://dx.doi.org/10.1037/0022-0167.47.2.229

Stiles, W. B., Glick, M. J., Osatuke, K., Hardy, G. E., Shapiro, D. A., Agnew-Davies, R., et al., (2004). Patterns of alliance development and the rupture-repair hypothesis: Are productive relationships U—shaped or V—shaped? *Journal of Counseling Psychology, 51*(1), 81–92. http://dx.doi.org/10.1037/0022-0167.51.1.81

Wang, K. T., Wong, Y. J., & Fu, C—C. (2013). Moderation effects of perfectionism and discrimination on interpersonal factors and suicide ideation. *Journal of Counseling Psychology, 60*(3), 367–378. http://dx.doi.org/10.1037/a0032551

Wei, M., Alvarez, A. N., Ku, T-Y., Russell, D. W., & Bonett, D. G. (2010). Development and validation of a Coping with Discrimination Scale: Factor structure, reliability, and validity. *Journal of Counseling Psychology, 57*(3), 328–344. http://dx.doi.org/10.1037/a0019969

Wei, M., Heppner, P. P., Russell, D. W., & Young, S. K. (2006). Maladaptive perfectionism and ineffective coping as mediators between attachment and future depression: A prospective analysis. *Journal of Counseling Psychology, 53*(1), 67–79. http://dx.doi.org/10.1037/0022-0167.53.1.67

Wei, M., Vogel, D. L., Ku, T-Y, & Zakalik, R. A. (2005). Adult attachment, affect regulation, negative mood, and interpersonal problems: The mediating roles of emotional reactivity and emotional cutoff. *Journal of Counseling Psychology, 52*(1), 14–24. http://dx.doi.org/10.1037/0022-0167.52.1.14

West, S. G., Finch, J. F., & Curran, P. J. (1995). Structural equation models with nonnormal variables: Problems and remedies. In R. H. Hoyle (Ed.), *Structural equation modeling: Concepts, issues, and application* (pp. 56–75). Thousand Oaks, CA: Sage.

찾아보기

저자 소개

서영석(Seo Youngseok)
University of Minnesota 상담심리학전공 박사 졸업
현 연세대학교 교육학부 상담교육전공 교수

안하얀(An Hayan)
연세대학교 대학원 교육학과 상담교육전공 박사 졸업
현 용문상담심리대학원대학교 상담심리학과 조교수

김시연(Kim Siyeon)
연세대학교 대학원 교육학과 상담교육전공 박사 졸업

김애란(Kim Aeran)
연세대학교 대학원 교육학과 상담교육전공 석사 졸업
현 연세대학교 공학교육혁신센터 연구원/전임상담사

왕윤정(Wang Yoonjung)
연세대학교 대학원 교육학과 상담교육전공 석사 졸업

이정선(Lee Jungsun)
연세대학교 대학원 교육학과 상담교육전공 석사 졸업
현 Southern Illinois University 상담전공 박사과정

곽열(Guo Yue)
연세대학교 대학원 교육학과 상담교육전공 석사 졸업
현 중앙대학교 학생생활상담센터 전문연구원

김설화(Jin Xuehua)
연세대학교 대학원 교육학과 상담교육전공 석사 졸업

김재훈(Kim Jaehoon)
현 연세대학교 대학원 교육학과 상담교육전공 석박사통합 과정

박성화(Park Sunghwa)
연세대학교 대학원 교육학과 상담교육전공 석사 졸업
현 서울시 보라매 인터넷 중독예방 상담센터 상담사

이상학(Lee Sanghak)
연세대학교 대학원 교육학과 상담교육전공 석사 졸업
현 연세대학교 대학원 교육학과 상담교육전공 박사 과정

이정윤(Lee Jungyoon)
연세대학교 대학원 교육학과 상담교육전공 석사 졸업
전 서울시 관악구 청소년 상담복지센터 상담사

이채리(Lee Chaeree)
연세대학교 대학원 교육학과 상담교육전공 석사 졸업
현 연세대학교 공학교육혁신센터 연구원/전임상담사

최민영(Choi Minyoung)
연세대학교 대학원 교육학과 상담교육전공 석사 졸업
현 빌리프랩 T&D

최유리(Choi Yuri)
연세대학교 대학원 교육학과 상담교육전공 석사 졸업
현 중앙대학교 학생생활상담센터 전문연구원

최정윤(Choi Jeongyoon)
연세대학교 대학원 교육학과 상담교육전공 석사 졸업
현 경기대학교 학생상담센터 전임상담사

출판되는! 논문 작성하기:
학술지 논문 분석
Writing a Publishable Research Paper:
Content Analysis of Journal Articles

2018년 3월 15일 1판 1쇄 발행
2019년 7월 10일 1판 2쇄 발행

지은이 • 서영석 · 안하얀 · 김시연 · 김애란 · 왕윤정 · 이정선 · 곽열 · 김설화
　　　　김재훈 · 박성화 · 이상학 · 이정윤 · 이채리 · 최민영 · 최유리 · 최정윤
펴낸이 • 김진환
펴낸곳 • (주) **학지사**
　　　　04031 서울특별시 마포구 양화로 15길 20 마인드월드빌딩
대표전화 • 02)330-5114　　팩스 • 02)324-2345
등록번호 • 제313-2006-000265호

홈페이지 • http://www.hakjisa.co.kr
페이스북 • https://www.facebook.com/hakjisa

ISBN 978-89-997-1496-2　93370

정가 15,000원

이 도서의 국립중앙도서관 출판시도서목록(CIP)은 서지정보유통지원
시스템 홈페이지(http://seoji.nl.go.kr)와 국가자료공동목록시스템
(http://www.nl.go.kr/kolisnet)에서 이용하실 수 있습니다.
(CIP 제어번호: CIP2018004838)

출판 · 교육 · 미디어기업 **학지사**
간호보건의학출판 **학지사메디컬** www.hakjisamd.co.kr
심리검사연구소 **인싸이트** www.inpsyt.co.kr
학술논문서비스 **뉴논문** www.newnonmun.com
원격교육연수원 **카운피아** www.counpia.com